PONS

Grammatik Spanisch
kurz & bündig

von
Yolanda Mateos Ortega

Ernst Klett Verlag
Stuttgart · Düsseldorf · Leipzig

PONS Grammatik Spanisch
kurz & bündig
von Yolanda Mateos Ortega

1. Auflage A 1 4 3 | 2000 1999

Internetadresse: http://www.pons.de

Redaktion: Anke Müller
Redaktionelle Mitarbeit: María Teresa Gondar Oubiña
Zeichnungen: Claudia Seeger, Reutlingen
Einbandgestaltung: Erwin Poell, Heidelberg;
Ilona Arfaoui, Stuttgart
Layout/Satz: Fotosatz Kaufmann, Stuttgart
Druck: Milanostampa, Farigliano
Printed in Italy.
ISBN 3-12-560626-8

So benutzen Sie dieses Buch

Sie wollen die Regeln der spanischen Sprache auf einfache und verständliche Weise erlernen oder wiederholen, Sie möchten bei speziellen Fragen aber auch schnell und gezielt nachschlagen können.

Die **PONS Grammatik** Spanisch kurz & bündig bietet Ihnen eine **übersichtliche Darstellung** der aktuellen spanischen Sprache in Spanien und Lateinamerika. Die **klar formulierten Regeln** werden durch zahlreiche Beispiele mit deutschen Übersetzungen veranschaulicht.

Die **PONS Grammatik** warnt auch vor **typischen Fehlerquellen**, die gerade deutschsprachigen Spanisch Lernenden häufig passieren.

Bei der Arbeit mit diesem Buch helfen Ihnen die folgenden Symbole:

Hier wird auf eine **Regel** oder eine **Besonderheit** hingewiesen, die man nicht übersehen sollte.

Hier werden **Unterschiede** zwischen dem Deutschen und dem Spanischen aufgezeigt, die Sie besonders beachten sollten.

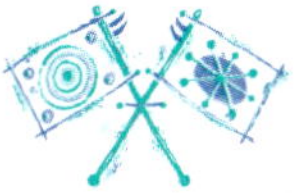

Kleine **Tipps** verraten Ihnen an dieser Stelle, wie Sie sich die Regeln besser merken können.

Hier finden Sie **Varianten** aus den Ländern Lateinamerikas.

Wenn Sie etwas gezielt nachschlagen möchten, führt Sie das **Stichwortregister** im Anhang schnell zur richtigen Stelle. So wird die **PONS Grammatik** zu Ihrem wertvollen Begleiter beim Erlernen der spanischen Sprache.

Viel Spaß und Erfolg!

Inhalt

1 *Esto me suena a español* – Aussprache, Betonung und Rechtschreibung

Spanier und Lateinamerikaner sprechen schnell und lebhaft, vor allem aber rollen sie das *r*. Das ist sicherlich das Erste, was Ihnen auffällt, wenn Sie jemanden spanisch sprechen hören. Beim genaueren Hinhören gibt es jedoch noch viele andere Unterschiede zur deutschen Sprache. In diesem Kapitel werden Sie die grundlegenden Regeln zur Aussprache, Betonung und Schreibung der spanischen Sprache kennen lernen.

1.1 Das Alphabet

Buchstabe	Spanischer Name	Phonetik	Entsprechung	Buchstabierung
A, a	a	a	≈ **a**lt	Antonio
B, b	be	b/β	≈ **h**aben	Barcelona
C, c	ce	θ	≈ **th**ink *(engl.)*	Carmen
			≈ An**k**er	
Ch, ch	che	tʃ	≈ Peit**sch**e	Chocolate
D, d	de	d/ð	≈ Mul**d**e	Dolores
E, e	e	e	≈ B**e**tt	Enrique
F, f	efe	f	**F**erien	Francia
G, g	ge	g/ɣ	≈ All**g**äu	Gerona
		χ	≈ Da**ch**	
H, h	hache			Historia
I, i	i	i	≈ **i**ntern	Inés
J, j	jota	χ	≈ Da**ch**	José
K, k	ka	k	≈ An**k**er	Kilo
L, l	ele	l	**L**ampe	Lorenzo
Ll, ll	elle	ʎ	≈ Mi**lli**on	Llobregat
M, m	eme	m	**M**und	Madrid
N, n	ene	n	**N**eun	Navarra
Ñ, ñ	eñe	ɲ	≈ Co**gn**ac	Ñoño
O, o	o	o	≈ R**o**ss	Oviedo
P, p	pe	p	≈ Al**p**en	París
Q, q	cu	k	≈ An**k**er	Querido
R, r	erre	r		Ramón
	erre doble	rr		
S, s	ese	s	≈ e**ss**en	Sábado
T, t	te	t	≈ mun**t**er	Tarragona
U, u	u	u	≈ K**u**ss	Ulises
V, v	uve	b/β	≈ **h**aben	Valencia
W, w	uve doble	u̯	≈ **wh**isky *(engl.)*	Washington
		b/β	≈ **h**aben	

X, x	equis	ks/ɣs s	≈ Taxi ≈ Australien	Xiquena
Y, y	i griega	i j dʒ ʒ	≈ Hai ≈ Jot ≈ Job ≈ Genie	Yegüa
Z, z	zeta	θ	≈ **th**ink (engl.)	Zaragoza

Viele Laute werden nur annäherungsweise so ausgesprochen wie im Deutschen oder Englischen, was das Entsprechungszeichen ≈ vor den Beispielen verdeutlicht. Bei *r* und *h* fehlen die Entsprechungen ganz: das *h* wird im Spanischen nicht gesprochen, das *r* wird ganz anders ausgesprochen als im Deutschen oder Englischen.

1.2 Die Aussprache

Die Vokale

Im Deutschen sprechen wir je nach Stellung der Vokale (Selbstlaute) im Wort diese einmal kurz und einmal lang aus. Im Spanischen hingegen werden die Vokale *a, e, i, o* und *u* immer gleich lang ausgesprochen. Außerdem gibt es in der spanischen Sprache nicht die Umlaute *ä, ö* und *ü*.

a:	sehr klar und offen, wie in *kalt*
e:	wie das *e* in *Metz*
i (y):	wie das *i* in *Literatur*
o:	wie das *o* in *Otto*
u:	wie das *u* in *Kultur*

Vorsicht! – Eine falsche Aussprache kann schnell zu Verständigungsproblemen führen: ein zu lang und zu dunkel ausgesprochenes *o* wird als *u*, ein zu langes *e* als *i* interpretiert.

Auch am Ende eines Wortes wird das *e* genauso deutlich ausgesprochen wie innerhalb oder am Anfang eines Wortes.

In den Kombinationen *que, qui* und *gue, gui* ist das *u* ein reines Schriftzeichen und deshalb stumm.

Die Doppellaute

Werden die Vokale *i (y)* und *u* mit einem anderen Vokal oder miteinander verbunden, bilden sie einen Diphthong, auf Deutsch Doppellaut. In diesem Fall werden sie als eine Silbe ausgesprochen.

farmac**ia**, c**ai**mán, h**ay**; b**ie**n, p**ei**ne, l**ey**; id**io**ta, **oi**go, s**oy**; h**uy** s**ua**ve, astron**au**ta; **eu**ropeo, ab**ue**lo; averig**uo**; c**ui**dado apreci**éi**s, Parag**uay**

Werden das *i* oder das *u* betont, wird dies durch einen Akzent angezeigt. In diesem Fall werden die Vokale getrennt ausgesprochen; der Spanier spricht hier von einem *hiato.*

tío, **oí**, ba**ú**l, ten**ía**, fre**í**r, ca**í**

Die Konsonanten

Wie schon erwähnt werden viele Buchstaben nicht oder nur annäherungsweise wie im Deutschen ausgesprochen. Konkret sind nur das *f*, *l* und *m* in der Aussprache wirklich identisch. Bei allen anderen Buchstaben weicht die spanische Aussprache von der deutschen ab. Aber keine Angst, häufig sind die Unterschiede nur sehr gering:

b, v	werden gleich ausgesprochen: am Wortanfang und nach einem *-m-* oder *-n-* als *b*, innerhalb des Wortes etwas weicher (die Lippen werden nicht ganz geschlossen).
c	vor einem *e* und *i* wird immer wie das englische „*th*" (θ) in „*thought*" ausgesprochen; in Südspanien, auf den Kanaren und in Lateinamerika wird das *c* in diesem Fall wie ein stimmloses *s* ausgesprochen. vor einem *a, o* oder *u* wird wie ein *k* ausgesprochen.
ch	wird wie *tsch* ausgesprochen.
g	vor einem *a, o* oder *u* entspricht dem deutschen *g*. vor einem *e* oder *i* wird wie das *ch* in *Bu**ch**e* ausgesprochen. Soll das *g* vor einem *e* oder *i* wie das deutsche *g* ausgesprochen werden, schreibt man *gue* bzw. *gui*. In diesem Fall wird das *u* nicht mitgesprochen, es sei denn, es trägt ein Trema: *güe, güi*. In diesem Fall handelt es sich um kein *ü*, sondern man spricht das *u* als selbständigen Buchstaben einfach mit!
h	ist immer stumm und wird nicht mitgesprochen.
j	wird (wie *g* vor einem *e* oder *i*) wie das *ch* in *Bu**ch**e* ausgesprochen. In Lateinamerika und Südspanien wird dieser Laut etwas gehaucht und ähnelt dem deutschen *h*.
k	kommt nur in ausländischen Wörtern wie *parking* und in der Wortfamilie *kilogramo, kilómetro…* vor und wird genauso wie *c* und *qu* ausgesprochen.
ll	wird in der Hochsprache wie das *ll* in *Mi**lli**on* ausgesprochen. In den meisten Regionen Spaniens und in ganz Lateinamerika wird es jedoch in der Umgangssprache wie das spanische *y* ausgesprochen.
n	vor einem *b, v* oder *p* wird als *m* ausgesprochen.
ñ	wird wie das *gn* in dem Wort *Champi**gn**on* ausgesprochen.

q	steht – zusammen mit einem stummen *u* – immer nur vor einem *e* oder *i* und entspricht dem deutschen *k*.
r	wird immer gerollt: mit einem einmaligen Vibrieren der Zunge oder länger und stark.
s	wird immer scharf ausgesprochen, wie *ß* oder *ss*; es gibt im Spanischen kein an sich weiches *s* und kein *sch*.
v	wird nie als ein *f* und auch nicht als deutsches *w* ausgesprochen, sondern als *b* (*siehe* **b, v**).
w	ist nur in Fremdwörtern vertreten und wird entweder wie im Englischen (*whisky*) oder wie das spanische *b* (*wáter*), jedoch nie wie ein deutsches *w* ausgesprochen.
x	wird zwischen Vokalen wie das deutsche *ks* oder *gs*, vor einem *t, p, c* oder *q* sowie von vielen Muttersprachlern auch in anderen Positionen als *ss* ausgesprochen.
y	kann einen Vokal, d. h. ein normales *i* (*y, hay, hoy, muy*), oder einen Konsonanten darstellen. Als Konsonant steht das *y* vor einem Vokal und wird als *dʒ* (wie in ***J**ob, **J**oggen*) ausgesprochen. In fast ganz Spanien und in Lateinamerika wird auch das *ll* wie dieses starke *dʒ* ausgesprochen. Außerdem gibt es eine regional bedingte, z. T. sehr verbreitete Variante, die eigentlich ins *ʒ* (wie im deutschen ***G**enie*) geht. Sie können das konsonantische *y* wie ein deutsches *j* aussprechen: Muttersprachler werden Sie dann ohne Mühe verstehen.
z	steht nur vor *a, o, u* und wird immer wie das englische *„th"* (θ) in *„thorn"* ausgesprochen; in Lateinamerika, Südspanien und auf den Kanaren entspricht es einem stimmlosen *s*.

¡ojo!

Das *x* in *México, Texas, Oaxaca* und anderen mexikanischen Wörtern ersetzt eigentlich ein *j* und wird deshalb als solches ausgesprochen (s. o.).

Die Laute *d, g(u), b* (geschrieben *b/v*), und *p, t, k* (geschrieben *c/qu/k*) werden wesentlich weicher ausgesprochen als im Deutschen. Achten Sie darauf, die Laute *p, t* und *k* nicht aspiriert, d. h. nicht allzu „explosiv" auszusprechen; auch *d, g(u)* und *b* sollten nicht zu deutlich ausgesprochen werden. So vermeiden Sie nicht nur einen sehr starken deutschen Akzent sondern können auch viel besser verstanden werden. Im Inlaut sind das *-b-*, das *-v-* und das *-g(u)-* sehr weich; in der Umgangssprache verschwindet das *-d-* fast oder sogar ganz. Auch im Auslaut wird *-d* praktisch kaum gesprochen.

Das rollende *r*

Das spanische *r* wird immer gerollt, entweder einfach oder doppelt. Hier sollten Sie sich jedoch merken, dass nicht immer ein *r* einfach und zwei *rr* doppelt gerollt werden, sondern dass folgende Regeln gelten:

- Ein *-r* am Ende eines Wortes sowie in den Kombinationen mit *br-* *pr-*, *tr-*, *cr-* wird immer einfach gerollt.

habla**r**	b**r**azo	p**r**onto	teat**r**o	c**r**istal

- Am Wortanfang sowie nach einer auf einen Konsonanten endenden Silbe wird das *r-* immer stark gerollt.

rosa	En**r**ique	Is**r**ael	al**r**ededor

- Nur zwischen Vokalen kann das *r* sowohl stark als auch einfach gerollt werden; wird es stark gerollt, wird dies durch die Verdoppelung des *r* bei der Schreibung angezeigt.

ca**r**o – ca**rr**o	teuer – Karren	aho**r**a – aho**rr**a	jetzt – er/sie spart
pe**r**o – pe**rr**o	aber – Hund	ce**r**o- ce**rr**o	Null – Hügel

Nun kennen Sie die Regeln, wann das *r* stark oder einfach gerollt wird. Trotzdem: das *r* wie die Spanier zu rollen erscheint vielen Lernenden als fast unmöglich. Hier zwei Übungen, mit denen Sie das rollende *r* trainieren können:

- Ein *r* ist nichts anderes als ein gerolltes *l*. Sprechen Sie lange und bewusst ein normales *l* aus und pressen Sie die Luft durch den Mund aus. Wenn Sie genau in dieser Position die Zungenspitze vibrieren lassen, haben Sie Ihr erstes *r* gerollt!
- Versuchen Sie es nun in Kombination mit dem Laut θ: *zzzzzzzzrrrrr*. Sie werden sehen, dass es nun noch leichter geht.

Betonung und Akzentsetzung

Während im Deutschen die Wörter meist stammbetont sind, kann ein spanisches Wort überall betont werden, unabhängig davon, ob es sich um den Stamm, die Endung oder eine andere Silbe handelt:

	Es**pa**ña	**Chi**le
aber	espa**ñol**	chi**le**no

Wie Sie den vorigen Beispielen entnehmen können, wird die betonte Silbe nicht unbedingt durch einen Akzent markiert. Ganz im Gegenteil, die meisten spanischen Wörter werden ohne Akzent geschrieben. Gesetzt wird der Akzent nach folgenden, einfachen Regeln:

Schema	Wörter, die:	erhalten:	Beispiel
□□■□	auf der vorletzten Silbe betont werden und auf einen Vokal, auf ein *-n* oder ein *-s* enden,	keinen Akzent	Ale**ma**nia **Car**men **ca**sas
□□■□	auf der vorletzten Silbe betont werden und auf einen Konsonanten außer *-n* oder *-s* enden,	einen Akzent	**fá**cil, **ár**bol **ál**bum **tó**rax
□□□■	auf der letzten Silbe betont werden und auf einen Vokal, auf ein *-n* oder ein *-s* enden,	einen Akzent	ca**fé**, Pe**rú** des**pués** ca**mión**
□□□■	auf der letzten Silbe betont werden und auf einen Konsonanten außer *-n* oder *-s* enden,	keinen Akzent	can**tar**, doc**tor** a**bril**, Bra**sil** ciu**dad**
□■□□ ■□□□	auf der dritt- oder viertletzten Silbe betont werden,	immer einen Akzent	A**mé**rica **pá**jaro **dí**ganoslo
■	einsilbig sind,	keinen Akzent	no soy

Von diesen Regeln weichen nur Wörter ab, die aus einem bestimmten Grund immer mit einem Akzent versehen werden:

– Wörter mit einem *hiato* (➔ *S.* 9).

día púa país

– Fragewörter, um sie von den Relativpronomen zu unterscheiden.

¿quién? dime cómo ¡qué bonito!

– Einige einsilbige und wenige zweisilbige Wörter, um sie von anderen mit der gleichen Schreibweise zu unterscheiden.

mí – mi	mich/mir – mein	**él** – el	er – der
tú – tu	du – dein	**sé** – se	ich weiß – sich/man
más – mas	mehr – jedoch	**té** – te	Tee – dich/dir
sí – si	ja – falls	**só**lo – solo	nur – allein

– Allein stehende Demonstrativpronomen, um sie von den Adjektiven zu unterscheiden.

Conozco a estos estudiantes, pero no a ése. — Ich kenne diese Studenten, aber nicht den da.

– Die Konjunktion o zwischen Zahlen, um sie von diesen deutlich abzuheben.

10 ó 20

Viele spanische Muttersprachler nehmen es mit der richtigen Akzentsetzung nicht so genau. Dies sollte Sie jedoch nicht davon abhalten, die Regeln der Akzentsetzung sehr ernst zu nehmen. So wird es Ihnen leichter fallen, die Wörter richtig zu betonen und Vokabeln schneller zu lernen.

Acento und *acentuar* bedeuten in Lateinamerika „Aussprache“ bzw. „aussprechen“!

1.3 Die Rechtschreibung

Groß- und Kleinschreibung

Großbuchstaben werden wie im Deutschen nach einem Punkt und am Satzanfang verwendet. Bei den Hauptwörtern hingegen werden nur Eigennamen und Behörden, eventuell auch Titel und Fächer sowie die Abkürzungen der Anredeformen großgeschrieben.

Pedro y María	Pedro und María
el Ministerio de Educación y Ciencia	das Ministerium für Erziehung und Wissenschaft
Sr. Ud.	Hr. Sie

Doppelkonsonanten

Im Spanischen finden wir eine einzige echte Verdoppelung und zwar das *-rr-*. Da in Wörtern wie *ac-ción* oder *in-novar* die Konsonanten verschiedenen Silben zugeordnet werden, gelten die Fälle nicht als „echte“ Verdoppelung.
Die Buchstabenkombinationen *ch* und *ll* bilden einen für das Spanische charakteristischen Laut und werden deshalb wie auch das *ñ* als eigenständige Buchstaben im spanischen Alphabet mit aufgeführt.

Grundregel der Rechtschreibung

Eigentlich ist die spanische Rechtschreibung sehr einfach, da meistens genauso geschrieben wie gesprochen wird ... leider aber auch nur meistens! Worauf müssen Sie achten?
Manche Schreibweisen folgen weder klaren Regeln noch lassen sie sich von der Aussprache ableiten. Deshalb sollte man bei der Schreibung berücksichtigen:

- *b* un *v* werden gleich ausgesprochen, so dass man von der Aussprache nicht auf die Schreibweise schließen kann. Die Kombinationen *br-* und *bl-* sind jedoch nur mit *b* und nich mit *v* möglich.
- *g* und *j* werden vor *e* und *i* gleich ausgesprochen, so dass man an der Aussprache die Schreibweise nicht erkennen kann.
- Das *h* ist im Spanischen immer stumm.
- Das *ll* und das *y* werden häufig gleich ausgesprochen und bereiten daher sogar Muttersprachlern Schwierigkeiten beim Schreiben.

Je nachdem, mit welchem Vokal der Laut in Erscheinung tritt, wird in einigen Fällen ein- und derselbe Laut unterschiedlich geschrieben:

- Der *k*-Laut wird vor *-a, -o, -u* mit *c*, vor *-e, -i* mit *qu-* geschrieben (*k* als Buchstabe ist nur in Fremdwörtern zu finden).

casa	Haus		**qu**eso	Käse
con**c**urso	Wettbewerb		**qu**izás	vielleicht
bus**c**o	ich suche	*aber*	bus**qu**é	ich suchte

- Das *„th“* (θ) wird vor *-e, -i* mit *c*, vor *-a, -o, -u* mit *z* geschrieben.

zor**z**al	Drossel		**z**umo	Saft
cero	Null		**c**ima	Gipfel
hi**c**e	ich machte	*aber*	hi**z**o	er machte

- Ein unbetontes *i* wird zwischen Vokalen automatisch zu einem *y*.

ca**i**go	ich falle	ca**í**	ich fiel
ca**y**ó	er fiel	ca**y**endo	fallend

Frage- und Ausrufezeichen werden am Anfang der Frage bzw. des Ausrufesatzes umgekehrt wiederholt!

¡Hola! ¿Cómo estás? Hallo! Wie geht's?

Bei der Silbentrennung sollten Sie daran denken, dass das *rr, ll, ch*, Buchstabengruppen (*br, cr, pl* usw.) und Doppellaute nicht getrennt werden.

2 *Pan, un pan, el pan* – Der Artikel

Wie im Deutschen unterscheidet man im Spanischen zwischen dem bestimmten und dem unbestimmten Artikel.

Mi hermano tiene **un** amigo.	Mein Bruder hat **einen** Freund.
El amigo de mi hermano se llama Alberto.	**Der** Freund meines Bruders heißt Alberto.

2.1 Die Formen des bestimmten und unbestimmten Artikels

Da die spanische Sprache keine sächlichen Substantive kennt, gibt es bei diesen nur einen männlichen und einen weiblichen Artikel.

		bestimmter Artikel		unbestimmter Artikel	
Singular	männlich	**el**	amigo	**un**	amigo
	weiblich	**la**	rosa	**una**	rosa
Plural	männlich	**los**	amigos	**unos**	amigos
	weiblich	**las**	rosas	**unas**	rosas

In der Regel steht vor männlichen Substantiven der bestimmte Artikel *el* und der unbestimmte *un*, im Plural der bestimmte Artikel *los* und der unbestimmte *unos*, vor weiblichen Substantiven der bestimmte Artikel *la* und der unbestimmte *una*, im Plural der bestimmte *las* und der unbestimmte *unas*.

Die Ausnahme bilden weibliche Substantive, die mit betontem *a-* oder *ha-* anfangen. Diese haben wegen der sonst schwierigen Aussprache im Singular den Artikel *el* und *un*, im Plural *las* und *unas*.

el ala	der Flügel	**las** alas	die Flügel
un ala	ein Flügel	**unas** alas	einige Flügel
el haya	die Buche	**las** hayas	die Buchen
un haya	eine Buche	**unas** hayas	einige Buchen

Die Präpositionen *a* und *de* werden mit dem bestimmten, männlichen Artikel des Singulars zusammengezogen.

a + el = **al**	Voy **al** cine.	Ich gehe ins Kino.
de + el = **del**	Viene **del** jardín.	Er/Sie kommt aus dem Garten.

Vor Adjektiven, Partizipien, Pronomen und Adverbien, jedoch nie vor Substantiven wird der sächliche Artikel *lo* verwendet, der – genau betrachtet – für die Pronominalphrase *lo que es – das was ist* steht:

lo bueno	das Gute	**lo** ocurrido	das Geschehene
lo nuestro	das Unsere	**lo** antes posible	möglichst bald

Die deutsche Sprache kennt keine Mehrzahl des unbestimmten Artikels: *unos/unas* entspricht dem deutschen *manche, einige*. Aber Achtung! Die Formen *unos/unas* können zusammen mit Zahlen und Mengenangaben auch in der Bedeutung von *etwa, circa, ungefähr* vorkommen.

Tengo **unos** libros muy interesantes.	Ich habe (ein paar) sehr interessante Bücher.
Tengo **unos** mil libros.	Ich habe ungefähr eintausend Bücher.

2.2 Der Gebrauch des Artikels

In der Regel werden die bestimmten Artikel *el, la, los* und *las* wie im Deutschen bei Begriffen verwendet, die schon zuvor erwähnt wurden oder bei denen der Sprecher schon weiß, um was es sich handelt. Die unbestimmten Artikel *un, una, unos, unas* hingegen werden bei Begriffen verwendet, die noch nicht erwähnt wurden oder bei denen es sich um eine beliebige Person oder einen beliebigen Gegenstand handelt.

Der bestimmte Artikel steht

– vor manchen Orts- oder Eigennamen,

el (río) Orinoco	der Orinoco	**la** India	Indien
la ciudad de Barcelona	Barcelona	**La** Habana	Havanna

aber

Suiza	die Schweiz	Turquía	die Türkei

– vor Familiennamen im Plural, wenn ein Ehepaar oder eine Familie gemeint ist,

los Pérez	die Familie/das Ehepaar Pérez
los Ortega	die Ortegas

– vor Anredeformeln und Titeln, wenn über jemanden in der 3. Person gesprochen wird,

Esta es **la** señora Martín.	Das ist Frau Martín.
¿Dónde vive **el** doctor Gómez?	Wo wohnt Dr. Gómez?

- in Sätzen, in denen verallgemeinert wird oder universell geltende Aussagen über eine Person oder eine Sache getroffen werden. Im Deutschen fällt in diesen Fällen der Artikel weg.

El pan es nutritivo.	Brot ist nahrhaft.
Los españoles hablan rápido.	Spanier sprechen schnell.
No me gusta **el** café.	Kaffee schmeckt mir nicht.
Me gustan **los** niños.	Ich mag Kinder.

Während die deutsche Umgangssprache den Artikel vor Personennamen duldet, hört sich dies im Spanischen sehr ungebildet oder gar abwertend an.

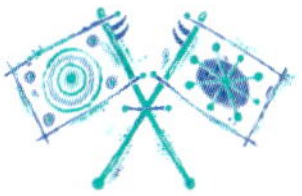

Im Spanischen steht häufig kein Artikel

- wenn das direkte Objekt, d. h. das Akkusativobjekt nicht zählbar ist,

¿Quieres té o café?	Willst du Tee oder Kaffee?
En la bolsa hay pan.	In der Tüte ist Brot.
Dame agua.	Gib mir Wasser.

- wenn das direkte Objekt oder auch das Subjekt eines Satzes zwar zählbar ist, aber die Menge keine Rolle spielt und im Deutschen mit *ein paar, einige* oder *manche* ausgedrückt werden könnte,

Viene gente.	Da kommen Leute.
Tienen dinero.	Sie haben Geld.
¿Tenéis hijos?	Habt ihr Kinder?
Compra manzanas.	Kauf Äpfel.

- in verneinten Sätzen.

No tengo tiempo.	Ich habe keine Zeit.
No como carne.	Ich esse kein Fleisch.
No nos queda fruta.	Es ist kein Obst mehr da.
Ahora no vienen clientes.	Jetzt kommen keine Kunden.

3 *Cada cosa por su nombre* – Das Substantiv

Mit den Substantiven bezeichnen wir Menschen, Tiere, Dinge, Lebensmittel, Ideen, Spiele ... und natürlich auch ganz konkrete Personen, Orte usw.

el amigo	der Freund	Antonio y Carmen	Antonio und Carmen
el gato	die Katze	las vacaciones	die Ferien
la leche	die Milch	Cuba	Kuba
la alegría	die Freude	Canarias	die Kanaren

3.1 Männlich oder weiblich: Das Geschlecht

Im Spanischen sind Substantive entweder männlich oder weiblich; sächliche Substantive (das Neutrum) kennt die spanische Sprache nicht. Ob ein Substantiv männlich oder weiblich ist, lässt sich bei den folgenden Gruppen oft aus der Bedeutung erschließen:

– Bei Menschen entspricht das Geschlecht des Wortes dem der bezeichneten Person.

el hombre	der Mann	la mujer	die Frau
el chico	der Junge	la chica	das Mädchen
el niño/la niña	das Kind (*eigentlich:* der kleine Junge/ das kleine Mädchen)		

– Wie im Deutschen auch finden wir bei Tieren entweder zwei Formen, d. h. eine für jedes Geschlecht

el perro – la perra	der Hund – die Hündin
el gato – la gata	der Kater – die Katze
el caballo – la yegua	das Pferd/der Hengst – die Stute

oder ein gemeinsames Wort für beide.

el ratón	die Maus	el gorrión	der Spatz
la serpiente	die Schlange	la mariposa	der Schmetterling

Häufig kann man aber auch mit mehr oder weniger großer Sicherheit an der Endung erkennen, ob ein Wort männlich oder weiblich ist:

– Wörter, die auf *-o* enden, sind meistens männlich; es gibt jedoch einige Ausnahmen.

el muchacho	der Bursche	el libro	das Buch
el tiempo	die Zeit	el periódico	die Zeitung

aber

la mano	die Hand	la radio	das Radio
la foto	das Foto	la moto	das Motorrad

– Andere typisch männliche Endungen sind *-or, -aje, -ismo* oder *-m(i)ento.*

el doctor	der Doktor	el garaje	die Garage
el socialismo	der Sozialismus	el monumento	das Denkmal
el ayuntamiento	das Rathaus		

– Wörter, die auf *-a* enden, sind im Allgemeinen weiblich; es gibt aber auch hier Ausnahmen.

la silla	der Stuhl	la comida	das Essen
la ventana	das Fenster	la persona	die Person

aber

el día	der Tag	el problema	das Problem
el programa	das Programm	el poeta	der Dichter

– Manche Endungen wie *-dad, -ción, -sión, -tud* oder *-ez* sind ausnahmslos weiblich.

la ciudad	die Stadt	la acción	die Handlung
la admisión	die Aufnahme	la juventud	die Jugend
la honradez	die Ehrlichkeit		

– Wörter, die auf *-ista* enden, haben beide Geschlechter.

el periodista – la periodista	der Journalist – die Journalistin
el optimista – la optimista	der Optimist – die Optimistin

Im Gegensatz zum Deutschen sind Buchstaben immer weiblich und Zahlen männlich.

la eñe	das „ñ"	el tres	die Drei

Die Bildung der weiblichen Form

Die weibliche Form zu einem männlichen Begriff kann ein eigenständiges Wort, von dem Stamm der männlichen Form abgeleitet oder mit dieser identisch sein.

el hombre – la mujer	der Mann – die Frau
el profesor – la profesora	der Lehrer – die Lehrerin
el obrero – la obrera	der Arbeiter – die Arbeiterin
el cantante – la cantante	der Sänger – die Sängerin

Bei der Ableitung weiblicher Formen von der männlichen Entsprechung sind folgende Endungen häufig: *-a, -esa, -isa, -ina, -triz.*

el médico – la médica	der Arzt – die Ärztin
el traductor – la traductora	der Übersetzer – die Übersetzerin
el rey – la reina	der König – die Königin
el actor – la actriz	der Schauspieler – die Schauspielerin
el conde – la condesa	der Graf – die Gräfin
el poeta – la poetisa	der Dichter – die Dichterin

Einige gebräuchliche Wörter sind weiblich und männlich ohne ein natürliches Geschlecht zu haben. Dies kann stilistisch oder regional bedingt sein.

el calor/la calor	die Hitze

Die männliche Form ist hochsprachlich, die weibliche landschaftlich.

el mar/la mar	das Meer, die See

Die weibliche Form ist unter Küstenbewohnern üblich, an-

sonsten literarisch und drückt eine stärkere Verbundenheit mit dem Meer aus.

Das Wort *arte* ist in der Einzahl männlich und in der Mehrzahl weiblich.

el arte gótico	die gotische Kunst
las bellas artes	die schönen Künste

Je nach Genus können auch Unterschiede in der Größe und Form des Bezeichneten

el bolso – la bolsa	die Tasche *in der weiblichen Form eher eine Tüte oder leichte Tasche*
el cesto – la cesta	der Korb *in der weiblichen Form eher ein Körbchen*
el jarro – la jarra	der Krug *in der weiblichen Form meist mit einer Tülle*

oder ganz und gar verschiedene Bedeutungen ausgedrückt werden.

el capital	das Kapital	la capital	die Hauptstadt
el cura	der Pfarrer	la cura	die Behandlung/Kur
el puerto	der Hafen	la puerta	die Tür
el cuento	das Märchen	la cuenta	die Rechnung
el cólera	die Cholera	la cólera	der Zorn

3.2 Die Pluralbildung

Wie im Deutschen wird auch im Spanischen zwischen Singular (Einzahl) und Plural (Mehrzahl) unterschieden.

Generell gilt im Spanischen: An Wörter, die auf einen Vokal enden, wird ein *-s* angehängt; an Wörter, die auf einen Konsonanten enden, wird ein *-es* angehängt.

Singular	Plural	Singular	Plural
el cuaderno	los cuadernos	el árbol	los árboles
la hora	las horas	la flor	las flores
el coche	los coches	el doctor	los doctores
la lente	las lentes	la nación	las naciones

Bei Wörtern, die auf ein *-n* oder *-s* nach einem betonten Vokal enden, fällt bei der Pluralbildung der Akzent weg.

el autobús – los autobuses	der Bus – die Busse
el biberón – los biberones	das Babyfläschchen – die Babyfläschchen

Substantive, die auf ein *-s* nach einem unbetonten Vokal enden, bleiben im Plural unverändert.

el martes – los martes	der Dienstag – die Dienstage
el paraguas – los paraguas	der Regenschirm – die Regenschirme

An Substantive, die auf betontem *-í* oder *-ú* enden, wird ein *-es* angehängt.

el jabalí – los jabalí**es**	das Wildschwein – die Wildschweine
el hindú – los hindú**es**	der Hindu – die Hindus

Enden Substantive mit einem anderen, betonten Vokal, wird der Plural durch das Anhängen eines *-s* gebildet.

el sofá – los sofá**s**	das Sofa – die Sofas
el bebé – los bebé**s**	das Baby – die Babys

Wörter, die auf *-z* enden, bilden zwar den Plural regelmäßig mit *-es*, das *z* wird jedoch zu einem *c*.

el pez – los pe**ces**	der Fisch – die Fische
el lápiz – los lápi**ces**	der Bleistift – die Bleistifte
una vez – varias ve**ces**	ein Mal – mehrere Male

Die Pluralbildung von Fremdwörtern ist häufig unregelmäßig.

el club – los club**s**/club**es**	der Klub – die Klubs
el walkman – los walkman**s**	der Walkman – die Walkmans
el parking – los parking**s**	der Parkplatz – die Parkplätze

Einige Substantive können im Plural eine zweite Bedeutung haben.

el padre	der Vater	*aber*	los padres	die Eltern
la letra	der Buchstabe	*aber*	las Letras	die Geisteswissenschaften

Einige Wörter bilden (grundsätzlich) keinen Plural.

el dinero	das Geld	el sarampión	die Masern
la ecología	die Ökologie		

Manche Substantive werden meist im Plural verwendet, auch wenn sie nur einen Gegenstand bezeichnen.

la(s) gafa(s)	die Brille	la(s) tijera(s)	die Schere
la(s) tenaza(s)	die Zange	el pantalón/los pantalones	die Hose

Bei manchen Wörtern, die im Deutschen immer im Singular bzw. Plural stehen, verhält es sich im Spanischen genau umgekehrt:

la gente	die Leute	los cubiertos	das Besteck
los estudios	das Studium	las vacaciones	der Urlaub

3.3 Wortbildung im Spanischen

Lange, zusammengesetzte Wörter, wie Sie sie im Deutschen kennen und tagtäglich bilden, gibt es im Spanischen nur sehr selten. An ihrer Stelle findet man meist eigenständige Begriffe oder Wortkombinationen mit *de*.

el biberón	die Kinderflasche	la botella de vino	die Weinflasche

Natürlich werden auch längere Wörter zusammengesetzt, häufig mit Hilfe von Vorsilben

la postguerra	die Nachkriegszeit
el descubrimiento	die Entdeckung
los antepasados	die Vorfahren
la independencia	die Unabhängigkeit

oder tatsächlich mit zwei Wörtern.

Latinoamérica	Lateinamerika	el ferrocarril	die Eisenbahn
el tocadiscos	der Plattenspieler	el cumpleaños	der Geburtstag

Sehr aktiv ist die spanische Sprache im Bereich der Verkleinerungs- und Vergrößerungsformen.

– Häufige Verkleinerungsformen sind *-ito, -cito, -ico, -illo* oder *-ín*; sie können auch Zärtlichkeit oder Sympathie ausdrücken.

arbol**ito**	Bäumchen	coche**cito**	Wägelchen
rat**ico**	Weilchen	pajar**illo**	Vöglein
chaval**ín**	Bübchen		

– Die Endungen *-ón, -tón, -azo* oder *-ote* bilden die Vergrößerungsformen.

bofet**ón**	saftige Ohrfeige	hombre**tón**	kräftiger Mann
libr**ote**	Wälzer	exit**azo**	Bombenerfolg

– Endungen wie *-aco* oder *-ucho* drücken Geringschätzung aus.

libr**aco**	schlechtes Buch	papel**ucho**	Wisch

4 *Muy fácil* – Das Adjektiv

Die Adjektive begleiten meist die Substantive, um diese näher zu beschreiben oder zu identifizieren.

Im Bereich der Adjektive spielt die Verwendung der Verben *ser* und *estar* eine besonders wichtige Rolle. Notwendiges zur Gegenüberstellung finden Sie auf S. 100 f.

4.1 Die Formen des Adjektivs

In der Form verändern sich die Adjektive genauso wie das Substantiv, d. h. sie passen sich nach Zahl und Geschlecht immer dem Substantiv an.

el chic**o** simpátic**o**	los chic**os** simpátic**os**
la chic**a** simpátic**a**	las chic**as** simpátic**as**

Dies ist immer der Fall, unabhängig davon, ob das Adjektiv direkt neben dem Substantiv oder hinter dem Verb steht.

el perro blanco	der weiße Hund
mi perro es blanco	mein Hund ist weiß

Die Adjektive lassen sich ihrer Form nach in folgende zwei Gruppen zusammenfassen:

- Alle Adjektive, deren männliche Form im Singular auf *-o* endet, haben zwei bzw. mit dem Plural vier unterschiedliche Endungen.

el gato negr**o**	*dann*	la gata negr**a** los gatos negr**os** las gatas negr**as**

- Bei allen anderen Adjektiven ist in der Regel die weibliche Form mit der männlichen identisch.

el libro/la película interesante	das interessante Buch/ der interessante Film
los libros/las películas interesant**es**	die interessanten Bücher/ Filme
el traje/la blusa azul	der blaue Anzug/die blaue Bluse
los trajes/las blusas azul**es**	die blauen Anzüge/Blusen
el hombre/la mujer joven	der junge Mann/die junge Frau
los hombres/las mujeres jóven**es**	die jungen Männer/Frauen
el tulipán/la flor rosa	die rosa Tulpe/Blume
los tulipanes/las flores rosa**s**	die rosa Tulpen/Blumen

„In der Regel“ bedeutet jedoch, dass es einige Sonderfälle gibt:

– Bei Adjektiven, die auf *-án, -ín, -ón, -or, -ete* oder *-ote* enden, wird bei der Bildung der weiblichen Form ein *-a* angehängt, bzw. der letzte Vokal durch ein *-a* ersetzt.

harag**án**, harag**ana**	faul
parlanch**ín**, parlanch**ina**	gesprächig
cabez**ón**, cabez**ona**	dickköpfig
trabajad**or**, trabajad**ora**	fleißig
maj**ete**, maj**eta**	nett
grand**ote**, grand**ota**	groß

– Bei Nationalitätsadjektiven, die auf einen Konsonanten enden, wird zur Bildung der weiblichen Form ein *-a* angehängt.

el vino español	der spanische Wein
– la vida español**a**	– das spanische Leben
el estado alemán	der deutsche Staat
– la cerveza aleman**a**	– das deutsche Bier
el estilo inglés	der englische Stil
– la lengua ingles**a**	– die englische Sprache

– Bei den Nationalitäten haben jedoch Adjektive mit den Endungen *-e, -a, -í* oder *-ú* sowohl im Singular als auch im Plural dieselbe Form für beide Geschlechter.

árab**e(s)**	arabisch	belg**a(s)**	belgisch
marroqu**í(es)**	marokkanisch	bant**ú(es)**	bantuisch

¡ojo!

Bitte beachten Sie, dass nach den Grundregeln der Akzentsetzung im Spanischen bei Adjektiven mit einem Akzent auf der letzten Silbe dieser bei der Bildung der weiblichen Form durch das Anhängen des *-a* wegfällt.

franc**és** – franc**esa**	französisch
juguet**ón** – juguet**ona**	verspielt

4.2 Die Stellung des Adjektivs

Im Gegensatz zum Deutschen finden Sie das spanische Adjektiv im Allgemeinen hinter dem Substantiv.

un paisaje bonito	eine schöne Landschaft
un niño pequeño	ein kleines Kind
una casa grande	ein großes Haus

Natürlich gibt es auch hier Ausnahmen:

- Ordnungszahlen können sowohl vor als auch hinter dem Hauptwort stehen (➔ auch S. 38).

el piso segundo	*oder*	el segundo piso	der zweite Stock

- Immer vorangestellt werden *mucho, -a, poco, -a* und *otro, -a* (➔ auch S. 79 ff.).

mucho trabajo	viel Arbeit
pocas personas	wenige Leute
otra cosa	eine andere Sache

- Vorangestellte Adjektive sind ein Stilmittel in der literarischen Sprache; sie können aber auch eine typische Eigenschaft ausdrücken oder eine zweite, übertragene Bedeutung haben.

el **frío** invierno	der kalte Winter (*innewohnende Eigenschaft*)
una **dulce** mirada	ein süßer Blick (*poetisch, übertragen*)

- Bei einigen wenigen Adjektiven hat die Stellung eine bedeutungstragende Rolle.

un hombre **pobre**	ein armer Mann (*ohne Geld*)
aber	
un **pobre** hombre	ein armer Kerl (*bedauernswert*)
una mujer **grande**	eine große Frau *(groß gebaut)*
aber	
una **gran** mujer	eine große Frau (*bedeutend, wertvoll*)
una casa **antigua**	ein altes Haus
aber	
mi **antigua** casa	mein früheres Haus

Bitte beachten Sie, dass bei den folgenden, sehr gebräuchlichen Adjektiven die Endung *-o* der männlichen Form Singular wegfällt, wenn sie vorangestellt werden:

un coche **bueno**	*aber*	un **buen** coche	ein gutes Auto
tiempo **bueno**	*aber*	**buen** tiempo	gutes Wetter
piso **primero**	*aber*	**primer** piso	erster Stock
puesto **tercero**	*aber*	**tercer** puesto	dritte Stelle

Das Wort *grande* verliert im männlichen und weiblichen Singular die Endung *-de*, wenn es vor einem Substantiv steht.

una ciudad **grande**	eine große Stadt
aber	
una **gran** ciudad	eine Großstadt

4.3 Die Verstärkung des Adjektivs

Falls Sie der Meinung sind, dass ein Restaurant nicht einfach nur teuer, sondern sehr teuer ist, bietet Ihnen auch das Spanische die Möglichkeit, Ihre Empörung zum Ausdruck zu bringen.

un restaurante **caro**	ein teures Restaurant
un restaurante **muy caro**	ein sehr teures Restaurant
un restaurante **carísimo**	ein sehr sehr teures Restaurant

Sowohl die Kombination *muy + Adjektiv* als auch die Endung *-ísimo, -a, -os, -as* sind sehr gebräuchliche Verstärkungen; die Letztere drückt einen noch höheren Grad der jeweiligen Eigenschaft aus.

muy viejo – viejísimo	sehr alt – uralt
muy interesante – interesantísmo	sehr interessant – höchst/äußerst interessant

Auch anhand folgender Kombinationen lassen sich Adjektive verstärken:

extraordinariamente valioso	außerordentlich/äußerst wertvoll
bastante importante	ziemlich wichtig
un poco aburrido	etwas/ein bisschen langweilig
poco frecuentado	mäßig besucht
no muy amable	nicht sehr freundlich
nada barato	überhaupt nicht billig

Einige Adjektive weisen bei der Hinzufügung von *-ísimo* Veränderungen in der Schreibung auf.

g → gu	amargo → amarguísimo	bitter
c → qu	rico → riquísimo	reich

Bei einigen Formen ändert sich der Stamm des Wortes.

amable → amabilísimo	freundlich
antiguo → antiquísimo	alt
fuerte → fortísimo	stark

4.4 Vergleich und Steigerung des Adjektivs

Der Vergleich

Zwei Personen oder Dinge miteinander zu vergleichen ist im Spanischen sehr einfach:

Möchten Sie z. B. sagen, dass Ihr Schwager oder Ihre Schwägerin genauso nett wie Ihre ganze Familie ist, drücken Sie es mit *tan... como* oder *igual de... que* aus.

Es **tan** amable **como** toda la familia.	
Es **igual de** amable **que** toda la familia.	Er/Sie ist (genau)so freundlich wie die ganze Familie.

Der Komparativ

Um Überlegenheit oder Unterlegenheit auszudrücken, verwenden Sie einfach das Adjektiv mit den Wörtchen *más ... que* bzw. *menos ... que*.

Este piso es **más** barato **que** el otro.	Diese Wohnung ist billiger als die andere.
La película es **menos** interesante **que** la novela.	Der Film ist weniger interessant als der Roman.

Bei den Adjektiven *bueno* und *malo* ist dies nicht möglich. Hier verwendet man die Steigerungsformen *mejor* und *peor*.

bueno →	**mejor**	Este piso es **mejor que** el otro.
gut	besser	Diese Wohnung ist besser als die andere.
malo →	**peor**	La película es **peor que** la novela.
schlecht	schlechter	Der Film ist schlechter als der Roman.

Bei den Adjektiven *grande* und *pequeño* findet man sowohl die regelmäßige als auch eine unregelmäßige Steigerungsform.

grande →	**más grande/mayor**	Mi piso es **más grande/ mayor que** el tuyo.
groß	größer	Meine Wohnung ist größer als deine.
pequeño →	**más pequeño/menor**	Mi bolsa es **más pequeña/ menor que** la tuya.
klein	kleiner	Meine Tasche ist kleiner als deine.

Aber Vorsicht! Die regelmäßigen Formen *más grande/más pequeño* werden vorwiegend umgangssprachlich verwendet. Im Zusammenhang mit messbaren Größen werden sie jedoch auch gemeinsprachlich benützt.

Tu cuarto es **más grande que** el mío.	Dein Zimmer ist größer als meins.

Die Sonderformen *mayor* und *menor* findet man häufig in der gehobenen Sprache. Im alltäglichen Sprachgebrauch benützt man sie vorwiegend, wenn über das Alter oder über nicht direkt messbare Größen gesprochen wird.

un señor mayor, una señora mayor	ein älterer Herr, eine ältere Dame
mi hermana menor, mi hermano menor	meine jüngere Schwester, mein jüngerer Bruder
un peligro mayor, una mayor motivación	eine größere Gefahr, eine größere Motivation
un menor, una menor	ein Minderjähriger, eine Minderjährige

¡ojo!

Einige Wörter drücken schon in der Grundform eine Steigerung aus.

superior	höher	inferior	niedriger
excelente	erstklassig	precioso	wunderschön
maravilloso	wunderbar	extraordinario	außergewöhnlich

Bei Zahlen gelten andere Regeln: Verglichen wird bei diesen mit *más de*, während es bei *más que* zu einer Bedeutungsveränderung kommt.

Tienen **más de** noventa años.	Sie sind über neunzig Jahre alt.
aber	
No quiero **más que** mil pesetas.	Ich will nur tausend Peseten.

Der Superlativ

Genauso leicht ist auch die Bildung des Superlativs im Spanischen. Der bestimmte Artikel vor der Steigerungsform reicht, um eine schon wichtigere Sache in die Wichtigste zu verwandeln.

Es la más lista (de todos).	Sie ist am klügsten (von allen).
Es el menos rápido.	Er ist am wenigsten schnell (= am langsamsten).
Somos los mejores.	Wir sind die Besten.
Estos son los más grandes/ los mayores.	Diese sind am größten.

5 *Justamente así* – Das Adverb

Mit Hilfe des Adverbs, auch Umstandswort genannt, können wir die Umstände einer Handlung ausdrücken: Orts- oder Zeitangaben, Aussagen über die Art und Weise des Geschehens, über die Menge oder des Zweifels helfen uns, einer Handlung den richtigen Rahmen zu geben.

Im Deutschen finden wir sehr häufig ein Adjektiv, das als Adverb fungiert. In diesem Fall wird nicht ein Substantiv, sondern das Verb des Satzes beschrieben, z. B. wenn Sie sagen, dass der ICE „schnell“ fährt oder Ihre Freunde „gut“ erzählen können. Daneben gibt es natürlich auch reine Adverbien mit einer eigenen Form wie z. B. „schon“, „heute“, „hier“, „sofort“ oder „oft“. Mal schauen, wie das Ganze auf Spanisch aussieht.

5.1 Die Formen des Adverbs

Nur bei sehr wenigen Adverbien stimmt die Form mit der des Adjektivs überein.

un tren rápido	ein schneller Zug
un tren lento	ein langsamer Zug
aber	
hablar rápido/rápidamente	schnell sprechen
hablar lentamente/despacio	langsam sprechen

Meist werden die Adverbien durch das Anhängen von *-mente* an die feminine Form bzw. an das *-e* oder die Konsonantenendung des Adjektivs gebildet.

lento ➔ lentamente	langsam
terrible ➔ terriblemente	schrecklich
inútil ➔ inútilmente	vergebens

Natürlich verfügt auch das Spanische über Adverbien mit einer eigenen, nicht vom Adjektiv abgeleiteten Form; in diesem Fall spricht man von den „ursprünglichen Adverbien".

pronto	früh, bald	aquí	hier
siempre	immer	así	so

Neben diesen gibt es außerdem die adverbialen Ausdrücke, bei denen mehrere Elemente zusammen als Adverb fungieren.

de repente	plötzlich	sin embargo	trotzdem
a menudo	oft	a veces	manchmal

Adverbien werden allein gebraucht oder mit Adjektiven kombiniert, z. B. zur Verstärkung.

Lo lamento enormemente.	Es tut mir außerordentlich Leid.
Es enormemente peligroso.	Es ist äußerst gefährlich.

Wie im Deutschen auch sind Adverbien grundsätzlich unveränderlich.

Habla lentamente.	Er/Sie spricht langsam.
Hablan lentamente.	Sie sprechen langsam.

Vorsicht bei der Übersetzung von „sehr“. Hier verfügt das Spanische über zwei Wörter: *mucho* und *muy*. Direkt beim Verb als Adverb wird *mucho* verwendet; *muy* dagegen steht immer in Kombination mit einem weiteren Adverb oder einem Adjektiv. Wie die Adverbien ist auch *muy* unveränderlich (zum Gebrauch von *mucho* ➔ S. 79 ff.).

Nos gusta mucho.	Es gefällt uns sehr.
Te echo mucho de menos.	Ich vermisse dich sehr.
Siempre saludan muy cariñosamente.	Sie grüßen immer sehr herzlich.
Mi hermano es muy alto.	Mein Bruder ist sehr groß.

Im Spanischen gibt es zwei Wörter für das deutsche „gut“: *bueno, -a* als Adjektiv und *bien* als Adverb.

¡Qué comida tan buena!	Was für ein gutes Essen!
¡Qué bien sabe!	Wie gut es schmeckt!

5.2 Die Bedeutung des Adverbs

Die Adverbien lassen sich inhaltlich in die folgenden Gruppen einteilen:

Modaladverbien

Die Modaladverbien drücken die Art und Weise einer Handlung aus. Oft werden sie aus Adjektiven abgeleitet.

bien	gut	así	so
lógicamente	logisch	con cuidado	vorsichtig
despacio	langsam	a gusto	gerne

Temporaladverbien

Durch die Temporaladverbien wird die Zeit ausgedrückt.

antes	früher	actualmente	zur Zeit
hoy en día	heutzutage	antiguamente	ehemals
últimamente	neulich	finalmente	schließlich
temprano	früh	tarde	spät
luego	später, nachher	entonces	dann, danach
más tarde	später	pronto	bald, früh, demnächst
a menudo	oft, häufig	con frecuencia	oft, häufig
muchas veces	oft, häufig	a veces	manchmal
casi nunca	selten	nunca, jamás	nie, niemals
hoy	heute	ayer	gestern
anteayer	vorgestern	mañana	morgen
anoche	gestern Nacht	aún, todavía	noch
ya	schon	de repente	plötzlich

Lokaladverbien

Die drei wichtigsten Lokaladverbien oder auch „Ortsbestimmungen“ sind:

aquí, acá	hier	*bezieht sich auf einen Punkt in der unmittelbaren Nähe des Sprechers*
ahí	da	*bezieht sich auf einen Punkt in der Nähe des Gesprächspartners*
allí, allá	dort	*bezieht sich auf einen Punkt, der von beiden Gesprächspartnern weit entfernt ist*

Zu dieser Gruppe gehören außerdem:

arriba ↔ abajo	oben ↔ unten
(hacia) adelante ↔ (hacia) atrás	nach vorne, vorwärts ↔ nach hinten, rückwärts
delante ↔ detrás	vorne ↔ hinten
encima ↔ debajo	obendrauf ↔ untendrunter
a la derecha ↔ a la izquierda	(nach) rechts ↔ (nach) links
al lado	daneben
enfrente	gegenüber
dentro ↔ fuera	innen ↔ (dr)außen
cerca ↔ lejos	nah, in der Nähe ↔ weit weg
por aquí (cerca)	hier in der Nähe
a casa	nach Hause
en casa	zu Hause
de casa	von zu Hause
en el centro	in der Mitte
al fondo	ganz hinten
al final	am Ende
en la esquina	an der Ecke
a la vuelta de la esquina	um die Ecke
todo seguido todo recto todo derecho de frente	immer geradeaus

Spanisch geht mit Lokaladverbien sparsamer um als die deutsche Sprache. Wenn Sie eine gerade erwähnte Ortsangabe nicht wiederholen möchten, können Sie diese einfach weglassen.

¿Qué pasa con la representación? ¿No querías ir?
Was ist mit der Theateraufführung? Wolltest du nicht hin?

Adverbien der Menge

Viele Adverbien dieser Gruppe sind identisch mit den Indefinitpronomen (→ S. 79 ff.). Trotzdem sollten Sie auch bei diesen daran denken, dass sie als Adverbien unveränderlich sind.

algo	etwas	poco	wenig	nada	nichts
mucho	viel	demasiado	zu (viel)	más	mehr
menos	weniger	suficiente	genug	casi	fast
apenas	kaum	bastante	ziemlich, genug	tanto	so viel
tan	so	muy	sehr	sólo/solamente	nur

Adverbien der Bejahung und Verneinung

Eine sehr kleine, aber wichtige Gruppe:

sí	ja	no	nein
también	auch	tampoco	auch nicht

Adverbien des Zweifels

Im Spanischen gibt es gleich mehrere Adverbien mit der Bedeutung „vielleicht“:

acaso	quizá	quizás
tal vez	a lo mejor	

5.3 Vergleich und Steigerung des Adverbs

Der Vergleich

Wie die Adjektive können auch viele Adverbien verglichen werden. In der Regel dienen dazu die Konstruktionen *tan... como* und *igual de... que*.

Tocas bien el piano.	Du spielst gut Klavier.
Tocas el piano **tan** bien **como** ella.	Du spielst genauso gut Klavier wie sie.
Hoy salgo tarde del trabajo.	Heute komme ich spät von der Arbeit.
Mañana salgo del trabajo **igual de** tarde **que** hoy.	Morgen komme ich genauso spät von der Arbeit wie heute.

Achten Sie darauf, dass bei einem Vergleich des Adverbs *mucho* ein Sonderfall eintritt und die korrekte Konstruktion in diesem Fall *tanto... como* ist.

Pagamos mucho por el piso.	Wir zahlen viel für die Wohnung.
Pagamos **tanto** por el piso **como** vosotros.	Wir zahlen so viel für die Wohnung wie ihr.

Der Komparativ

Der Komparativ der Adverbien wird – wie bei den Adjketiven – mit der Konstruktion *más... que* bzw. *menos... que* gebildet.

Ayer hemos terminado deprisa.	Gestern sind wir schnell fertig geworden.
Hoy hemos terminado **más** deprisa **que** ayer.	Heute sind wir schneller fertig geworden als gestern.
En verano salgo a menudo.	Im Sommer gehe ich oft aus.
En invierno salgo **menos** a menudo **que** en verano.	Im Winter gehe ich weniger aus als im Sommer.

Wie bei den Adjektiven haben nur sehr wenige Adverbien eine unregelmäßige Steigerung.

bien ➔ mejor	gut ➔ besser
mucho ➔ más	viel ➔ mehr
mal ➔ peor	schlecht ➔ schlechter
poco ➔ menos	wenig ➔ weniger

Die Konstruktion *más bien* bedeutet nicht *besser*, sondern *eher*.

Volvieron **más bien** descontentos.	Sie kamen eher unzufrieden zurück.

Der Superlativ

Die Konstruktion „am -sten" gibt es im Spanischen nicht. Für den Superlativ eines Adverbs ist ein einfacher Relativsatz nötig.

Es **el que mejor** lo hace.	Er macht es am besten.
Siempre eres **la que más tarde** se acuesta.	Du gehst immer als Letzte ins Bett.
Los que más han gastado en las vacaciones tienen ahora que ahorrar.	Diejenigen, die im Urlaub am meisten ausgegeben haben, müssen jetzt sparen.

Bitte achten Sie auf die – für den Deutschen ungewöhnliche – Verwendung des Superlativs in der folgenden Konstruktion:

Te llamaré lo más pronto posible.	Ich werde dich möglichst bald anrufen.
Me han ayudado lo más posible.	Sie haben mir so viel wie möglich geholfen.

6 *¿Cuánto dice usted?* – Die Zahlen

Ob Sie nach der Uhrzeit, dem Datum oder dem Alter fragen, einkaufen gehen oder einen Zug nehmen: Die Zahlen sind so wichtig, dass wir ihnen ein eigenes Kapitel gewidmet haben.

6.1 Die Grundzahlen

Die spanischen Zahlen werden anders zusammengesetzt als im Deutschen. Zweiunddreißig z. B. heißt auf Spanisch *treinta y dos* – „dreißig und zwei". Welche Unterschiede gibt es sonst noch zum deutschen Zahlensystem? – Nun, das Spanische verfügt bis zu der Zahl Fünfzehn über eigene Formen, während im Deutschen ab der Dreizehn die Zahlen zusammengesetzt werden. Aber sehen Sie selbst!

0 cero 1 uno/un/una 2 dos 3 tres 4 cuatro 5 cinco 6 seis 7 siete 8 ocho 9 nueve 10 diez 11 once 12 doce 13 trece 14 catorce 15 quince	16 dieciséis 17 diecisiete 18 dieciocho 19 diecinueve 20 veinte 21 veintiuno/ veintiún/veintiuna 22 veintidós 23 veintitrés 24 veinticuatro 25 veinticinco 26 veintiséis 27 veintisiete 28 veintiocho 29 veintinueve	30 treinta 31 treinta y uno/treinta y un/treinta y una 32 treinta y dos 40 cuarenta 50 cincuenta 60 sesenta 70 setenta 80 ochenta 90 noventa 99 noventa y nueve
bis zur 15 eigene Formen	*dieciséis* setzt sich aus *diez y seis* zusammen *veintiocho* setzt sich aus *veinte y ocho* zusammen	ab 30 werden alle Zahlen auseinander geschrieben

100	cien	1.000	mil
101	ciento uno/ciento un/ ciento una	1.001	mil uno/mil un/mil una
102	ciento dos	2.000	dos mil
110	ciento diez	3.000	tres mil
199	ciento noventa y nueve	10.000	diez mil
200	doscientos/doscientas	100.000	cien mil
201	doscientos uno/doscientos un/doscientas una	1.000.000	un millón (de)
300	trescientos/trescientas	2.000.000	dos millones (de)
400	cuatrocientos/cuatrocientas	1.000.000.000	mil millones (de)
500	**quinientos/quinientas**	1.000.000.000.000	un billón (de)
600	seiscientos/seiscientas	33.572.103	treinta y tres millones quinientos setenta y dos mil ciento tres
700	setecientos/setecientas		
800	ochocientos/ochocientas		
900	novecientos/novecientas		

Wie Sie sehen ist das Zahlensystem logisch aufgebaut und deshalb einfach zu lernen. Um Fehler zu vermeiden, sollten Sie sich außerdem die folgenden Punkte einprägen:

– Zahlen sind grundsätzlich männlich.

el uno die Eins   el quince die Fünfzehn

– Die Zahl *uno* wird vor männlichen Substantiven zu *un* verkürzt, vor weiblichen Substantiven erhält es die Endung *-a*. Dies gilt natürlich auch für alle zusammengesetzten Formen, die auf *uno* enden.

un coche	ein Auto
veintiún años	einundzwanzig Jahre
treinta y una pesetas	einunddreißig Peseten
ciento un marcos	einhundertundeine Mark

– Mit *y* werden die Einer mit den Zehnern verbunden.

diecisiete	siebzehn
veinticinco	fünfundzwanzig
treinta **y** tres	dreiunddreißig
ciento cuarenta **y** nueve mil	hundertneunundvierzigtausend
aber	
mil ciento ocho	tausendeinhundertundacht

– Die Zahlen mit 5 sollten Sie sich wegen der unregelmäßigen Formen besonders genau anschauen!

cinco	fünf	quince	fünfzehn
cincuenta	fünfzig	quinientos	fünfhundert

- Folgt nach der 100 eine Zahl, gebraucht man *ciento*. 100 vor einem Substantiv heißt *cien*.

ciento diez	hundertzehn	cien pesetas	hundert Peseten

- Ab 200 unterscheiden auch die Hunderter eine männliche und eine weibliche Form.

quinientos mil habitantes	fünfhunderttausend Einwohner
doscientas personas	zweihundert Personen

- *Cien* und *mil* sind als Zahlen unveränderlich und werden nie mit dem Artikel *un* verwendet.
- *Millón* ist männlich, heißt im Plural *millones* und wird mit der Präposition *de* gebraucht, wenn ein Substantiv unmittelbar folgt.

un millón **de** habitantes	eine Million Einwohner
aber	
dos millones trescientos mil pesos	zwei Millionen dreihunderttausend Pesos

Zahlen im Kontext

Das Alter wird mit dem Verb *tener* angegeben.

¿Cuántos años tienes?	Wie alt bist du?
Tengo treinta y un años.	Ich bin einunddreißig.

Die Häufigkeit kann mit Hilfe von *vez* oder *cada* angegeben werden.

una vez/dos veces a la semana	einmal/zweimal pro Woche
cada cinco días	alle fünf Tage

Das Datum wird mit der Grundzahl und der Präposition *de* vor dem Monatsnamen angegeben. Eine Ausnahme ist der 1. Tag im Monat, der auch mit *primero* ausgedrückt werden kann. Dabei ist auch zu beachten, dass Jahre als ganz normale Zahlen behandelt werden.

¿Qué día es hoy?	Der Wievielte ist heute?
Es el tres de marzo de mil novecientos noventa y ocho.	Heute ist der dritte März neunzehnhundertachtundneunzig.
Es el uno/primero de enero.	Heute ist der erste Januar.

Bei der Hausnummer steht gewöhnlich ein Komma nach der Angabe der Straße.

Vivo en la Gran Vía, 148.	Ich wohne in der Gran Vía 148.

Die Telefonnummer wird meist mit dem Verb *ser* angegeben.

Mi número es el tres cincuenta y cuatro veintisiete.	Meine Nummer lautet drei vierundfünfzig siebenundzwanzig.

Neben den Zahlen selbst können Sie auch mit den folgenden Wörtern Mengen ausdrücken:

una docena	ein Dutzend	una decena	zehn
un centenar	hundert	un millar	tausend
cientos	Hunderte	miles	Tausende

Die Uhrzeit

Die Uhrzeit wird mit den Grundzahlen mit voranstehendem Artikel angegeben.

Es la una.	Es ist ein Uhr.
Son las dos.	Es ist zwei Uhr.
Son las tres.	Es ist drei Uhr.
Son las cuatro.	Es ist vier Uhr.
… …	
Son las doce.	Es ist zwölf Uhr.

Son las cinco menos veinticinco. … menos diez. … menos cinco.

Son las tres y cuarto. Son las cinco menos cuarto. Son las doce y media.

Außer für offizielle Angaben (Abfahrtzeiten, Fernsehprogramm u. Ä.) wird das Zwölfstundensystem verwendet. Wenn aus dem Kontext nicht ersichtlich ist, ob es sich um vormittags oder abends handelt, wird diese Angabe hinzugefügt.

El tren sale a las 14:38.	Der Zug fährt um 14:38 ab.
Me llamó a las cuatro de la mañana.	Er/Sie rief mich um vier Uhr morgens an.

Beachten Sie, dass *y media* sich auf die darauf folgende Stunde bezieht.

In Lateinamerika gibt es eine weitere Möglichkeit, zu sagen, dass noch einige Minuten zur vollen Stunde fehlen.

Faltan veinticinco para las cinco.	Faltan diez para las cinco.

6.2 Die Ordnungszahlen

Im Spanischen sind die Ordnungszahlen nur bis zur Zahl 10 gebräuchlich.

primero, -a, primer	1°, 1^{a}, 1er	sexto, -a	6°, 6^{a}
segundo, -a	2°, 2^{a}	sé(p)timo, -a	7°, 7^{a}
tercero, -a, tercer	3°, 3^{a}, 3er	octavo, -a	8°, 8^{a}
cuarto, -a	4°, 4^{a}	noveno, -a	9°, 9^{a}
quinto, -a	5°, 5^{a}	décimo, -a	10°, 10^{a}

Normalerweise wird bei Zahlen über Zehn jedoch die Grundzahl verwendet.

el (número)/la veintisiete	der/die siebenundzwanzigste
el capítulo veintisiete	das siebenundzwanzigste Kapitel

Beim Gebrauch der Ordnungszahlen sollten Sie sich merken, dass

- Ordnungszahlen vor- oder nachgestellt werden können. In der Regel stehen sie jedoch – im Gegensatz zu den meisten Adjektiven – vor dem Substantiv;

La cafetería se encuentra en la primera planta/en la planta primera.	Die Cafeteria befindet sich in der ersten Etage.

- sich die Ordnungszahlen in Geschlecht und Zahl immer nach dem Substantiv richten. Vor einem Substantiv verlieren *primero* und *tercero* bei der männlichen Form die Endung *-o;*

Vivo en el primer/tercer piso.	Ich wohne im ersten/dritten Stock.
Dame la primera parte.	Gib mir den ersten Teil.

- Ordnungszahlen nie mit einem Punkt, sondern immer mit der hochgestellten Endung geschrieben werden.

1°, 1^{a}, 1er

Die Ordnungszahlen verwendet man sehr häufig zur Angabe

- des Stockwerks, eventuell sogar der Wohnung,

Vivimos en el 3°, 5^{a}.	Wir wohnen im 3. Stock, Tür Nr. 5.

- der Position in einer Rangliste.

El equipo argentino obtuvo el primer puesto.España quedó tercera.	Die argentinische Mannschaft erreichte den ersten Platz. Spanien wurde Dritter.

7 *Acción en palabras –* Das Verb: Die Zeiten

Mit den Verben drücken wir unsere Handlungen aus. So vielfältig wie diese sind auch die Ausdrucksmöglichkeiten der Sprache. Ob Sie sagen wollen, dass Sie gerade Spanisch lernen, gestern gearbeitet haben, aus der Kaffeepause kommen oder wohin Sie in Urlaub fahren werden – mit dem Verb in der entsprechenden Form lässt sich über die Grundbedeutung hinaus noch vieles andere sagen.

Die Bedeutung des Verbs finden Sie immer im Stamm des Wortes. Dieser Stamm steht jedoch nie allein: An ihm hängen die Endungen, die uns Informationen über die eigentliche Bedeutung hinaus geben. Die Endungen *-ar* (Verben der 1. Gruppe), *-er* (Verben der 2. Gruppe) oder *-ir* (Verben der 3. Gruppe) hinter dem Stamm eines Verbs weisen z. B. darauf hin, dass es sich um den Infinitiv eines Verbs handelt und zeigen uns damit, nach welchem Schema das Verb konjugiert (gebeugt) wird.

Was kann sonst noch durch die Endung ausgedrückt werden? Zuerst einmal, in welcher Zeit eine Handlung stattfindet, dann natürlich, welche Person es ist, die agiert, und nicht zuletzt, ob es sich bei einer Aussage um eine Behauptung, eine Bedingung, einen Befehl, oder eine Vermutung handelt.

In den folgenden zwei Kapiteln werden die Formen und der Gebrauch der Verben behandelt. Außerdem finden Sie in Kapitel 15 eine ausführliche Darstellung sämtlicher Verbformen.

7.1 Voll-, Modal- und Hilfsverben

Nicht alle Verben weisen die gleiche Informationsdichte auf. Die sogenannten Vollverben werden Ihnen inhaltlich sehr viel mehr mitteilen als z. B. ein Hilfs- oder Modalverb.

Unter den Vollverben können Sie folgende Arten unterscheiden:

- Die transitiven Verben. Sie haben ein direktes Objekt, das Sie mit der Frage „wen oder was?" leicht ausfindig machen können.

  Aprendemos español. Wir lernen Spanisch.
  Compro flores. Ich kaufe Blumen.
  Leo el periódico. Ich lese Zeitung.

- Die intransitiven Verben. Sie haben entweder kein oder aber ein indirektes Objekt. Mit der Frage „wem oder was?" können Sie überprüfen, ob ein indirektes Objekt angeschlossen ist.

Este pastel me **gusta**.	Dieser Kuchen schmeckt mir gut.
¿**Vamos** al cine?	Gehen wir ins Kino?
Nadan en el lago.	Sie schwimmen im See.

– Die reflexiven Verben (auch rückbezügliche Verben genannt). Hier richtet sich die Handlung auf das Subjekt.

¡No **te enfades**!	Ärgere dich nicht!
Me lavo.	Ich wasche mich.
Nos vestimos.	Wir ziehen uns an.

– Die unpersönlichen Verben.

¡Cómo **llueve**!	Wie es regnet!
Ha nevado.	Es hat geschneit.
Ya no **hay** pan.	Es gibt kein Brot mehr.

Neben den Vollverben gibt es auch im Spanischen die Modalverben. Sie werden mit dem Infinitiv anderer Verben kombiniert.

¿**Puede** ayudarme?	Können Sie mir helfen?
Tengo que trabajar.	Ich muss arbeiten.
Deberías salir más.	Du solltest häufiger ausgehen.
Aquí no **se puede** fumar.	Hier darf man nicht rauchen.
¿Me **dejas** leer el periódico?	Lässt du mich die Zeitung lesen?
¿**Quieres** tomar otro café?	Willst du noch einen Kaffee trinken?

Eine dritte Gruppe bilden die Hilfsverben. Diese verzichten ganz auf ihre eigene Bedeutung und dienen in der Kombination mit anderen Verben zur Bildung der Zeiten. Im Deutschen sind das gleich mehrere Verben (ich **bin** aufgestanden, ich **hätte** dich gerne gesprochen, wir **werden** bald kommen), während im Spanischen die zusammengesetzten Zeiten mit nur einem Hilfsverb, *haber*, gebildet werden.

7.2 Das Präsens

Das Präsens wird gebildet, indem folgende Endungen an den Stamm angehängt werden:

Presente – Präsens			
	-ar **hablar**	-er **aprender**	-ir **vivir**
yo	habl**o**	aprend**o**	viv**o**
tú	habl**as**	aprend**es**	viv**es**
él/ella/usted	habl**a**	aprend**e**	viv**e**
nosotros/nosotras	habl**amos**	aprend**emos**	viv**imos**
vosotros/vosotras	habl**áis**	aprend**éis**	viv**ís**
ellos/ellas/ustedes	habl**an**	aprend**en**	viv**en**

Abgesehen von diesen regelmäßigen Formen weisen viele Verben bei der Bildung des Präsens Unregelmäßigkeiten auf. Diese Unregelmäßigkeiten sollten Sie sich sorgfältig einprägen, da sie nicht nur für den richtigen Gebrauch des Präsens von Bedeutung sind, sondern auch bei der korrekten Bildung anderer Zeiten helfen, die vom Präsens abgeleitet werden. Die wichtigsten Abweichungen sind

- Vokalveränderungen bei der 1., 2. und 3. Person Singular und bei der 3. Person Plural. Die Formen der 1. und 2. Person Plural sind dagegen immer regelmäßig;

contar *<o → ue>*	**entender** *<e → ie>*	**repetir** *<e → i>*
cuento cuentas cuenta contamos contáis cuentan	entiendo entiendes entiende entendemos entendéis entienden	repito repites repite repetimos repetís repiten
Diese Unregelmäßigkeiten kommen bei allen Verbgruppen vor,		diese nur bei Verben auf *-ir*.

- rein orthographische Veränderungen, die sich von den Ausspracheregeln im Spanischen (→ S. 8 ff.) ableiten lassen,

vencer	**dirigir**	**huir**
venzo	dirijo	huyo
vences	diriges	huyes

- eine unregelmäßige Form für die 1. Person Singular, die jedoch bei keiner anderen Person auftritt.

caber	quepo	**salir**	salgo
caer	caigo	**saber**	sé
conocer	conozco	**traducir**	traduzco
hacer	hago	**traer**	traigo
poner	pongo	**valer**	valgo

Bei einigen Verben können auch zwei oder gar drei der Unregelmäßigkeiten gleichzeitig auftreten.

decir	**oír**	**seguir**	**tener**	**venir**
digo	oigo	sigo	tengo	vengo
dices	oyes	sigues	tienes	vienes

Daneben finden Sie natürlich auch Verben mit gänzlich unregelmäßigen Formen.

ser	soy	eres	es	somos	sois	son
ir	voy	vas	va	vamos	vais	van

Eine vollständige Darstellung der unregelmäßigen Verben finden Sie im Anhang auf Seite 111 ff.

7.3 Die Vergangenheit

Heute Morgen, letztes Wochenende oder in der weit entfernten Kindheit: Mit der Vergangenheitsform berichten unsere Worte über schon Erlebtes. Im Reich der Vergangenheit fühlt sich die spanische Sprache so richtig wohl: Während das Deutsche nur drei Vergangenheitsformen kennt,

Perfekt:	ich habe gemacht, ich bin gegangen
Imperfekt:	ich machte, ich ging
Plusquamperfekt:	ich hatte gemacht, ich war gegangen

ist in der spanischen Sprache eine weitere Zeit sehr gebräuchlich: das *Indefinido*. Und während es im Deutschen häufig egal ist, ob man zum Ausdruck der Vergangenheit das Perfekt oder das Imperfekt benutzt, gibt es im Spanischen ganz klare Regeln, wann welche Zeit verwendet werden darf.

7.3.1 Das Perfekt

Das Perfekt wird mit dem Hilfsverb *haber* + Partizip des jeweiligen Verbs gebildet. Das Partizip wird dabei vom Infinitiv abgeleitet.

Participio – Partizip Perfekt	
Verben der 1. Gruppe tauschen *-ar* gegen *-ado*	hablar → habl**ado**
Verben der 2. und 3. Gruppe tauschen *-er* bzw. *-ir* gegen *-ido*	aprender → aprend**ido** vivir → viv**ido**

Perfecto – Perfekt		
haber + *Participio* *(Presente)*	he has ha hemos habéis han	habl**ado** aprend**ido** viv**ido**

Im Gegensatz zu vielen anderen Sprachen ist das Partizip unveränderlich, d. h. es wird nicht angeglichen, weder an das Subjekt noch an das Objekt:

Las alumnas han aprendido muchas cosas nuevas.	Die Schülerinnen haben sehr viel Neues gelernt.

Zur Bildung des Perfekts dient ausschließlich *haber* (nie *ser*!).

He comido.	Ich habe gegessen.
He venido.	Ich bin gekommen.

Im Gegensatz zum Deutschen werden das Partizip und die konjugierte Form von *haber* nie getrennt!

Te he visto en el parque.	Ich habe dich im Park gesehen.

Das Perfekt wird verwendet

- wenn sich die Ereignisse vor sehr kurzer Zeit (heute, vorhin, in letzter Zeit) zugetragen haben,

Apenas **nos hemos visto** últimamente.	Wir haben uns in letzter Zeit kaum gesehen.
Hace un rato que **se han ido**.	Sie sind vor einer Weile gegangen.

- wenn wir über einen Zeitraum sprechen, in dem wir uns noch befinden (dieses Jahr, diese Woche, seit Monaten),

¿**Has hecho** algún curso de verano?	Hast du schon einmal einen Ferienkurs besucht?
Ese **ha sido** siempre mi sueño.	Das war schon immer mein Traum.

- wenn wir über eine Handlung der Vergangenheit sprechen, deren Folgen oder Ergebnisse bis in die Gegenwart reichen.

Ha muerto mi abuelo.	Mein Großvater ist gestorben.
He bebido demasiado.	Ich habe zu viel getrunken.

Für den deutschen Lernenden ist es häufig schwierig, den Gebrauch des Perfekts von dem einer weiteren Zeitform, dem *Indefinido*, abzugrenzen. Deshalb finden Sie in Kapitel 7.3.3 eine Gegenüberstellung dieser beiden Zeiten.

7.3.2 Das *Indefinido*

Das spanische *Indefinido* wird auch historische Vergangenheit genannt.

Indefinido			
	-ar **hablar**	**-er** **aprender**	**-ir** **ir**
yo	habl**é**	aprend**í**	viv**í**
tú	habl**aste**	aprend**iste**	viv**iste**
él/ella/usted	habl**ó**	aprend**ió**	viv**ió**
nosotros/nosotras	habl**amos**	aprend**imos**	viv**imos**
vosotros/vosotras	habl**asteis**	aprend**isteis**	viv**isteis**
ellos/ellas/ustedes	habl**aron**	aprend**ieron**	viv**ieron**

Auch bei der Bildung dieser Formen gibt es einige Unregelmäßigkeiten:

– Bei einigen regelmäßigen Verben kommt es bei der 3. Person Singular und Plural zu Veränderungen des Stammvokals (*e* → *i*, *o* → *u*).

pedir	**dormir**
pedí	dormí
pediste	dormiste
pidió	d**u**rmió
pedimos	dormimos
pedisteis	dormisteis
pidieron	d**u**rmieron

– Bei einigen Verben kommt es zu orthographischen Veränderungen im Stamm.

buscar	**pagar**	**leer**
bus**qué**	pa**gué**	leí
buscaste	pagaste	leíste
buscó	pagó	leyó
buscamos	pagamos	leímos
buscasteis	pagasteis	leísteis
buscaron	pagaron	leyeron

– Eine beträchtliche Anzahl sehr gebräuchlicher Verben ist im *Indefinido* unregelmäßig. Im Gegensatz zu den regelmäßigen Verben tragen diese den Akzent nicht auf der Endung, sondern auf dem Stamm.

poder	**decir**	**saber**
pude	**dij**e	**sup**e
pudiste	**dij**iste	**sup**iste
pudo	**dij**o	**sup**o
pudimos	**dij**imos	**sup**imos
pudisteis	**dij**isteis	**sup**isteis
pudieron	**dij**eron	**sup**ieron

Im Anhang 3 (→ S. 111 ff.) finden Sie eine Liste aller wichtigen unregelmäßigen Formen.

– Vorsicht: *Ser* und *ir* haben im *Indefinido* dieselben unregelmäßigen Formen!

ser/ir
fui
fuiste
fue
fuimos
fuisteis
fueron

¡ojo!

Bei dem *Indefinido* fällt – außer bei den unregelmäßigen Formen – die Betonung nicht auf den Stamm sondern auf die Endung! Dies ist sehr wichtig, da oft nur an der Betonung bzw. bei dem geschriebenen Wort an dem Akzent zu erkennen ist, ob es sich um die Gegenwart oder die Vergangenheit handelt!

hablo	ich spreche	**habló**	er/sie sprach

Das *Indefinido* wird verwendet

– für abgeschlossene, zeitlich begrenzte Handlungen oder Vorkommnisse, die zu einem bestimmten Zeitpunkt oder in einer bestimmten Zeitspanne erfolgt sind,

A lo largo de su vida **sufrió** varios accidentes.	Im Laufe seines/ihres Lebens erlitt er/sie mehrere Unfälle.
En 1989 **tuvo lugar** la reunificación alemana.	1989 fand die deutsche Wiedervereinigung statt.

– für punktuelle Informationen,

A las 21:00 h. **se registró** un débil temblor de tierra.	Um 21.00 Uhr wurde ein schwaches Beben registriert.

– für begrenzt wiederholte Handlungen oder Vorgänge,

Durante las últimas vacaciones **salimos** todas las noches.	Im letzten Urlaub sind wir jeden Abend ausgegangen.

– wenn uns eine Aktion oder ein Geschehnis nicht aufgrund der Zeitdauer interessiert sondern nur wegen der Folgen.

Salí del trabajo, **llegué** a casa y **me fui** derecho a la cama.	Ich machte Feierabend, kam nach Hause und ging direkt in Bett.

7.3.3 Gegenüberstellung von Perfekt und *Indefinido*

Sowohl mit dem Perfekt als auch mit dem *Indefinido* können wir vergangene, abgeschlossene Handlungen ausdrücken. Wann Sie die eine und wann die andere Zeitform verwenden, ist jedoch keine Frage des Stils oder der Sprachebene. Vielmehr gibt es klare Regeln, bei welchen Handlungen der Vergangenheit das Perfekt und bei welchen das *Indefinido* verwendet wird. Häufig kann man anhand einer Zeitbestimmung innerhalb des Satzes erkennen, welche Zeit verwendet werden muss.

Perfekt	Indefinido
a) alles, was sich auf „heute“ bezieht:	a) alles, was früher ist als „heute“ und nicht von *este, -a* begleitet wird:
hoy por la mañana a las ocho y cuarto hace dos horas después de levantarme **...me he duchado**	ayer anteayer anoche el sábado hace unos días/meses/años **...vi** a David
b) alle Temporalbestimmungen mit *este, esta...:*	b) alle Temporalbestimmungen mit *...pasado, -a*:
esta semana estos días este jueves este mes/año/siglo este último fin de semana **...ha sido** interesante	el domingo pasado el fin de semana pasado el mes/año/siglo pasado la semana pasada las vacaciones pasadas **...ocurrieron** muchas cosas
c) immer, wenn der Hintergrundsbegriff „bisher“ eingeschlossen ist:	c) immer, wenn die erwähnte Zeit schon abgeschlossen und außerhalb unserer Zeit ist:
nunca siempre alguna vez varias veces ya todavía no por ahora (no) **...he pensado** en casarme	en 1997 a los dieciocho años el día de mi cumpleaños al comenzar mis estudios **...conocí** a mi novio
d) mit manchen Bestimmungen, die zeitliche Nähe ausdrücken:	
últimamente en los últimos tiempos hace poco **...he tenido** noticias suyas	

Gibt es keine Zeitangaben im Satz oder lässt sich der Zeitpunkt der Handlung nicht aus dem Kontext erschließen, wird das Perfekt gebraucht, wenn die Handlung vom Sprecher als noch relativ nah in Bezug auf die Gegenwart empfunden wird. Das *Indefinido* wird hingegen verwendet, wenn die Handlung schon länger zurückliegt bzw. für den Sprecher schon Teil der ferneren Vergangenheit ist.

He visto a tu hermano.	Ich habe deinen Bruder getroffen. (*heute oder in letzter Zeit*)
Vi a tu hermano.	Ich traf deinen Bruder. (*irgendwann mal*)

Es kommt vor, dass Muttersprachler sich nicht streng an diese Regeln halten. Oft geben sie wider Erwarten dem *Indefinido* den Vorzug. So hört man häufig: *Esta mañana estuve allí.*

In Lateinamerika folgt der Gebrauch des Perfekts und des *Indefinido* nicht immer den oben genannten Regeln. So würde im Fall c) im Lateinamerikanischen beide Male das *Indefinido* verwendet werden.

7.3.4 Das Imperfekt

Mit dem Perfekt und dem *Indefinido* lassen sich jedoch noch lange nicht alle Handlungen der Vergangenheit ausdrücken. Es fehlt das Imperfekt – eine weitere Zeit, die häufig vorkommt. Glücklicherweise ist die Bildung ausgesprochen einfach.

Imperfecto – Imperfekt			
	-ar **hablar**	-er **aprender**	-ir **vivir**
yo	habl**aba**	aprend**ía**	viv**ía**
tú	habl**abas**	aprend**ías**	viv**ías**
él/ella/usted	habl**aba**	aprend**ía**	viv**ía**
nosotros/nosotras	habl**ábamos**	aprend**íamos**	viv**íamos**
vosotros/vosotras	habl**abais**	aprend**íais**	viv**íais**
ellos/ellas/ustedes	habl**aban**	aprend**ían**	viv**ían**

Dieses Bildungsverfahren gilt für alle Verben außer für *ser, ir* und *ver*:

ser	**ir**	**ver**
era	iba	veía
eras	ibas	veías
era	iba	veía
éramos	íbamos	veíamos
erais	ibais	veíais
eran	iban	veían

Das Imperfekt wird verwendet

– zur Beschreibung eines Zustands oder einer Situation,

De joven, Luisa **era** muy tímida.	Als junge Frau war Luisa sehr schüchtern.
Antes no **había** tantos ordenadores como hay ahora.	Früher gab es nicht so viele PCs wie heute.

– zum Ausdruck von Gewohnheiten sowie sich wiederholenden Handlungen oder Vorgängen,

De niño me **gustaba** mucho leer cuentos.	Als Kind las ich sehr gerne Märchen.
Hace unos años **íbamos** a menudo de excursión.	Vor ein paar Jahren machten wir häufig Ausflüge.

– für zeitlich nicht deutlich begrenzte Vorgänge oder Handlungen,

Veíamos cómo los barcos entraban en el puerto.	Wir beobachteten, wie die Schiffe in den Hafen einfuhren.

– für eine Handlung, die in ihrer Dauer dargestellt wird und somit als Hintergrund für eine andere Handlung dient. Diese häufig punktuelle Handlung wird mit dem *Indefinido* oder Perfekt ausgedrückt.

No **estaba** en casa cuando llamaste.	Ich war nicht zuhause, als du anriefst.
Antes siempre los **invitábamos**, pero sólo vinieron una vez.	Früher luden wir sie immer wieder ein, aber sie kamen nur einmal.
Cuando **éramos** aún pequeños **murió** nuestra madre.	Als wir noch klein waren starb unsere Mutter.
Cuando **iba** a dormirme **sonó** el teléfono.	Als ich einschlafen wollte klingelte das Telefon.
Quería ser médico pero no **terminó** la carrera.	Er wollte Arzt werden, hat aber das Studium nicht beendet.
Sabías mi dirección pero no me **has escrito.**	Du hattest meine Adresse aber du hast mir nicht geschrieben.
Cuando **estábamos** durmiendo **ha llovido** mucho.	Während wir schliefen hat es viel geregnet.
Tenían miedo y nos **pidieron** ayuda.	Sie hatten Angst und baten uns um Hilfe.

Beachten Sie außerdem folgende Unterschiede zwischen dem Imperfekt und dem *Indefinido*:

Tenían un hijo.	Sie hatten ein Kind.
Tuvieron un hijo.	Sie bekamen ein Kind.
Conocía a Antonio.	Ich kannte Antonio.
Conocí a Antonio.	Ich lernte Antonio kennen.

Cuando **venía** mi tía **traía** regalos.	Immer wenn meine Tante kam brachte sie Geschenke.
Cuando **vino** mi tía **trajo** regalos.	Als meine Tante kam brachte sie Geschenke.
Cuando **iba** a casa **comí** algo.	Auf dem Weg nach Hause aß ich etwas.
Cuando **fui** a casa **comí** algo.	Als ich nach Hause kam aß ich etwas.

7.3.5 Das Plusquamperfekt

Das Plusquamperfekt, auch vollendete Vergangenheit genannt, wird mit der Imperfektform von *haber* und dem Partizip gebildet.

Pretérito Pluscuamperfecto – Plusquamperfekt				
			había	
			habías	
haber	+	*Participio*	había	estudiado
(Imperfecto)			habíamos	leído
			habíais	escrito
			habían	

Mit dem Plusquamperfekt wird – wie im Deutschen auch – eine Handlung ausgedrückt, die nicht nur in der Vergangenheit, sondern vor einer anderen schon vergangenen Handlung stattgefunden hat.

Corrí a la estación, pero el tren ya **había salido**.	Ich eilte zum Bahnhof aber der Zug war schon abgefahren.
Nunca **había visto** nada igual.	Ich hatte noch nie so was gesehen.
He dejado de estudiar porque **había suspendido** muchas veces.	Ich habe das Studium aufgegeben, weil ich sehr oft durchgefallen war.

7.4 Die Zukunft

Um zu erzählen, was Sie an Weihnachten oder für nächsten Sommer planen, brauchen Sie nicht unbedingt die Futurformen des Verbs. Im Grunde ist dies auch mit der Gegenwartsform in Begleitung der passenden Zeitangabe möglich.

La semana que viene termino mis estudios.	Nächste Woche absolviere ich mein Studium.

Trotzdem ist häufig der Gebrauch einer eigenen Zeitform zum Ausdruck eines zukünftigen Geschehens sinnvoll.

7.4.1 Die nahe Zukunft

Um über ein Vorhaben oder etwas, was in der nächsten Zeit stattfinden soll, zu sprechen, wird oft das Präsens von *ir a* + Infinitiv verwendet.

Voy a hablar con Pedro.	Ich werde mit Pedro sprechen.
¿**Vas a leer** pronto el libro?	Wirst du das Buch bald lesen?
Va a llover.	Es wird bald regnen.

Statt dieser Konstruktion mit *ir a* und dem Infinitiv des Vollverbs kann die nahe Zukunft auch mit einer eigenen Futurform des Verbs ausgedrückt werden, die im nächsten Kapitel besprochen wird.

7.4.2 Das Futur I

Die Futurform wird gebildet, indem Sie an die Infinitivform des Verbs die in der folgenden Tabelle aufgeführten Endungen anhängen.

Futuro simple – Futur I			
	-ar **hablar**	**-er** **aprender**	**-ir** **vivir**
yo	hablar**é**	aprender**é**	vivir**é**
tú	hablar**ás**	aprender**ás**	vivir**ás**
él/ella/usted	hablar**á**	aprender**á**	vivir**á**
nosotros/nosotras	hablar**emos**	aprender**emos**	vivir**emos**
vosotros/vosotras	hablar**éis**	aprender**éis**	vivir**éis**
ellos/ellas/ustedes	hablar**án**	aprender**án**	vivir**án**

Die Endungen sind bei allen drei Verbgruppen identisch; bei folgenden Verben ändert sich jedoch die Stammform:

-e- fällt weg	mittlere Silbe fällt weg	*-d-* ersetzt Endvokal
querer ➔ **querr-** haber ➔ **habr-** saber ➔ **sabr-** poder ➔ **podr-** caber ➔ **cabr-**	hacer ➔ **har-** decir ➔ **dir-**	poner ➔ **pondr-** venir ➔ **vendr-** tener ➔ **tendr-** salir ➔ **saldr-** valer ➔ **valdr-**

Mit diesen Futurformen können Sie praktisch alle Handlungen in der nahen und fernen Zukunft ausdrücken.

Darüber hinaus dienen die Zukunftsformen zum Ausdruck von Vermutungen, ähnlich wie im Deutschen auch:

Supongo que tus padres **estarán** ya en casa.	Ich vermute, dass deine Eltern schon zu Hause sein werden.
El jefe está muy raro hoy, **tendrá** algún problema.	Der Chef ist heute ganz komisch; er wird wohl Probleme haben.

Wenn Sie genauer hinschauen, werden Sie erkennen, dass die Endungen des Futur I mit den Präsensformen des Verbs *haber* übereinstimmen! Es ändert sich lediglich die Akzentsetzung.

Infinitiv des Verbs +	**(h)e** **(h)as** **(h)a** **(h)emos** **(hab)éis** **(h)an**

7.4.3 Das Futur II

Neben der einfachen Futurform gibt es auch im Spanischen eine zusammengesetzte Form, das Futur II, auch vollendete Zukunft genannt. Es wird mit der Futur-I-Form von *haber* + Partizip gebildet.

Futuro perfecto – Futur II		
haber + *Participio* *(Futuro simple)*	habré habrás habrá habremos habréis habrán	hablado aprendido vivido

Das Futur II wird im Spanischen genauso verwendet wie im Deutschen: zum Ausdruck einer Handlung, die in der Zukunft schon abgeschlossen sein wird.

Para el mes que viene **habremos arreglado** el piso.	Bis nächsten Monat werden wir die Wohnung renoviert haben.
Dentro de un año **habré terminado** el trabajo.	In einem Jahr werde ich die Arbeit beendet haben.

Auch das zusammengesetzte Futur kann zum Ausdruck von Vermutungen eingesetzt werden.

Pedro no ha aprobado el examen; **habrá estudiado** poco.	Pedro hat die Klausur nicht bestanden; er wird wohl wenig gelernt haben.
Mira, Julio vuelve. **Habrá perdido** el avión.	Schau mal, Julio kommt zurück. Er wird wohl den Flug verpasst haben.

8 *De otro modo* – Das Verb: Die Modi

Bisher haben wir uns nur mit einem Modus beschäftigt: dem Indikativ – die sogenannte Wirklichkeitsform. Im Folgenden werden wir Ihnen einen Überblick über die restlichen Modi und deren Anwendung geben: der Konditional (Bedingungsform), der Imperativ (Befehlsform) und der *Subjuntivo* (Möglichkeitsform).

8.1 Der Konditional

Der Konditional, auch Bedingungsform genannt, wird gebildet, indem man die Endungen der Imperfektform an den Infinitv des Verbs anhängt.

Condicional – Konditional			
	-ar **hablar**	-er **leer**	-ir **escribir**
yo	hablar**ía**	leer**ía**	escribir**ía**
tú	hablar**ías**	leer**ías**	escribir**ías**
él/ella/usted	hablar**ía**	leer**ía**	escribir**ía**
nosotros/nosotras	hablar**íamos**	leer**íamos**	escribir**íamos**
vosotros/vosotras	hablar**íais**	leer**íais**	escribir**íais**
ellos/ellas/ustedes	hablar**ían**	leer**ían**	escribir**ían**

Die Endungen sind bei allen drei Verbgruppen identisch; bei folgenden Verben ändert sich jedoch die Stammform:

-e- fällt weg	mittlere Silbe fällt weg	*-d-* ersetzt Endvokal
querer → **querr-**	hacer → **har-**	poner → **pondr-**
haber → **habr-**	decir → **dir-**	venir → **vendr-**
saber → **sabr-**	tener → **tendr-**	
poder → **podr-**	salir → **saldr-**	
caber → **cabr-**	valer → **valdr-**	

Der Konditional wird verwendet

– in höflichen Wendungen oder Bitten,

¿**Podría** usted ayudarme? — Könnten Sie mir helfen?
Querría pedirle algo. — Ich möchte Sie um etwas bitten.

– für eine bedingte oder imaginäre Situation,

Tendría que trabajar, pero me voy contigo. — Ich müsste arbeiten, aber ich gehe mit.

Con mucho gusto te lo **diría** pero no lo sé.	Ich würde es dir gerne sagen, aber ich weiß es nicht.

– bei Ratschlägen,

Deberías fumar menos.	Du solltest weniger rauchen.
Yo, en tu lugar, no lo **haría**.	Ich würde es an deiner Stelle nicht tun.

– in Verbindung mit Verben des Wünschens,

Me **gustaría** mucho saber tocar el piano.	Ich würde gerne Klavier spielen können.
Me **encantaría** conocer a tu familia.	Ich möchte gerne deine Familie kennen lernen.
Querría un piso.	Ich hätte gerne eine Wohnung.
Desearía tener más tiempo para mis hijos.	Ich würde mir mehr Zeit für meine Kinder wünschen.

– in Bedingungssätzen. Diese werden auf S. 94 ff. ausführlich behandelt.

8.2 Der Imperativ

Auf den Imperativ, auch Befehlsform genannt, werden Sie in der spanischen Sprache häufig stoßen, sei es im Rahmen eines Befehls, eines freundlichen Angebots, eines Ratschlags oder Hinweises.

Bejahter Imperativ			
	-ar **entrar**	**-er** **correr**	**-ir** **subir**
(tú)	entr**a**	corr**e**	sub**e**
(usted)	entr**e**	corr**a**	sub**a**
(nosotros/nosotras)	entr**emos**	corr**amos**	sub**amos**
(vosotros/vosotras)	entr**ad**	corr**ed**	sub**id**
(ustedes)	entr**en**	corr**an**	sub**an**

Bei den regelmäßigen Verben können Sie die Formen des bejahten Imperativs von dem Indikativ Präsens ableiten.

– Die 2. Person Singular (*tú*) des bejahten Imperativs ist mit der 3. Person Singular (*él/ella*) Präsens identisch.

él/ella entra	entra (tú)
él/ella corre	corre (tú)
él/ella sube	sube (tú)

– Die Höflichkeitsform Singular und Plural (*usted, ustedes*), sowie die 1. Person Plural (*nosotros/nosotras*) des bejahten Imperativs werden wie die entsprechenden Präsensformen gebildet, nur dass bei Verben auf *-ar* das *a* zu *e*, bei Verben auf *-er* und *-ir* das *e* und *i* zu *a* werden.

entr**ar**	usted entr**a**, ustedes entr**a**n	entr**e** (usted), entr**e**n (ustedes)
corr**er**	usted corr**e**, ustedes corr**e**n	corr**a** (usted), corr**a**n (ustedes)
sub**ir**	nosotros/nosotras sub**i**mos	sub**a**mos (nosotros/nosotras)

– Die 2. Person Plural (*vosotros/vosotras*) des bejahten Imperativs lässt sich von der Infinitivform ableiten, indem das *-r* durch *-d* ersetzt wird.

subir	subid (vosotros/vosotras)
correr	corred (vosotros/vosotras)
subir	subid (vosotros/vosotras)

Bei Verben auf *-ir* mit Vokalveränderung weist die 1. Person Plural des bejahten Imperativs Unterschiede zur entsprechenden Form des Indikativ Präsens auf. Es kommt zu einem Wechsel des Stammvokals.

sentimos ➔ s**i**ntamos pedimos ➔ p**i**damos dormimos ➔ d**u**rmamos

Die wichtigsten unregelmäßigen Formen sind:

decir	**hacer**	**ir**	**oír**
di diga digamos decid digan	haz haga hagamos haced hagan	**ve** **vaya** **vayamos** id **vayan**	oye oiga oigamos oíd oigan
tener	**traer**	**venir**	**salir**
ten tenga tengamos tened tengan	trae traiga traigamos traed traigan	**ven** venga vengamos venid vengan	**sal** salga salgamos salid salgan

Befehlsformen werden häufig wiederholt; dies sollte jedoch nicht als aufdringlich sondern vielmehr als sehr freundlich oder höflich verstanden werden.

¡**Pase, pase**!	Bitte, treten Sie doch ein!
Deja, deja, que ya lo hago yo.	Lass mal, ich mach' das schon.
¡**Siéntate, siéntate**!	Setz dich ruhig hin!
¿Puedo abrir la ventana? – Claro, ¡**ábrela, ábrela**!	Darf ich das Fenster aufmachen? – Bitte bitte, mach's nur auf!

Wie im Deutschen auch können unpersönliche Aufforderungen mit dem Infinitiv ausgedrückt werden.

No pasar — Kein Zutritt
No fumar — Nicht rauchen
No doblar — Nicht falten

Beim Imperativ werden die Personalpronomen ans Verb angehängt.

Dá**melo**. — Gib es mir.
Cuénta**noslo**. — Erzähl es uns.
Pon**te** el abrigo. — Zieh (dir) den Mantel an.

Wird ein Reflexivpronomen angehängt, fällt das *-d* der *vosotros*-Form und das *-s* der *nosotros*-Form weg.

Compraos el libro. — Kauft euch das Buch.
Vámonos/Vayámonos. — Gehen wir.

Anders als im Deutschen, wo die Imperativformen immer gleich sind, ändern sich diese im Spanischen bei den verneinten Befehlen, die im Folgenden behandelt werden.

Der verneinte Imperativ

Der verneinte Imperativ weist für die 2. Person Singular und Plural eigene Formen auf, die Sie sich merken sollten. Die Höflichkeitsformen und die 1. Person Plural ändern sich jedoch nicht.

Imperativo negativo – Verneinter Imperativ			
	-ar **entrar**	**-er** **correr**	**-ir** **subir**
(tú)	no entr**es**	no corr**as**	no sub**as**
(usted)	no entr**e**	no corr**a**	no sub**a**
(nosotros/nosotras)	no entr**emos**	no corr**amos**	no sub**amos**
(vosotros/vosotras)	no entr**éis**	no corr**áis**	no sub**áis**
(ustedes)	no entr**en**	no corr**an**	no sub**an**

Alle regelmäßigen Formen des verneinten Imperativs werden wie die entsprechenden Formen des Indikativ Präsens gebildet, nur dass bei Verben auf *-ar* das *a* zu *e*, bei Verben auf *-er* und *-ir* das *e* und *i* zu *a* werden.

entr**as** → no entr**es**
entr**a** → no entr**e**
entr**amos** → no entr**emos**
entr**áis** → no entr**éis**
entr**an** → no entr**en**

corres		no corras	subes		no subas
corre		no corra	sube		no suba
corremos	➔	no corramos	subimos	➔	no subamos
corréis		no corráis	subís		no subáis
corren		no corran	suben		no suban

Bei Verben mit der Infinitivform auf *-ir* und einer Vokalveränderung weist die 1. Person Plural die gleiche Änderung im Stamm wie die Formen des bejahten Imperativs auf.

sentimos ➔ sintamos pedimos ➔ pidamos dormimos ➔ durmamos

Bei den Formen des verneinten Imperativs werden die Pronomen nicht an das Verb angehängt, sondern vorangestellt.

No **te** preocupes.	Mach dir keine Sorgen.
No **me lo** pregunte.	Fragen Sie mich nicht danach.

8.3 Der *Subjuntivo* des Präsens und des Perfekts

Dem *Subjuntivo* kommt im Spanischen eine weitaus wichtigere Rolle zu als dem Konjunktiv im Deutschen, dem er oft gegenübergestellt wird. Es ist der Modus der Nicht-Wirklichkeit. Er ist absolut unabkömmlich bei vielen spanischen Nebensätzen und sowohl für die schriftliche als auch für die gesprochene Sprache von äußerster Wichtigkeit, weshalb Sie diesem Kapitel besondere Aufmerksamkeit widmen sollten.

Presente de Subjuntivo – Subjuntivo Präsens			
	-ar **hablar**	-er **aprender**	-ir **vivir**
yo	hable	aprenda	viva
tú	hables	aprendas	vivas
él/ella/usted	hable	aprenda	viva
nosotros/nosotras	hablemos	aprendamos	vivamos
vosotros/vosotras	habléis	aprendáis	viváis
ellos/ellas/ustedes	hablen	aprendan	vivan

Perfecto de Subjuntivo – Subjuntivo Perfekt			
haber	+ *Participio*	**haya** **hayas** **haya** **hayamos** **hayáis** **hayan**	hablado aprendido vivido

Die Formen des *Subjuntivo* sind identisch mit denen des verneinten Imperativs. Außerdem werden alle regelmäßigen Formen des *Subjuntivo* wie die entsprechenden Formen des Indikativ Präsens gebildet, nur dass bei Verben auf *-ar* das *a* zu *e*, bei Verben auf *-er* und *-ir* das *e* und *i* zu *a* werden.

entro	entre	corro	corra	subo	suba
entras	entres	corres	corras	subes	subas
entra	entre	corre	corra	sube	suba
entramos	entremos	corremos	corramos	subimos	subamos
entráis	entréis	corréis	corráis	subís	subáis
entran	entren	corren	corran	suben	suban

Die unregelmäßigen Formen des *Subjuntivo*

Die Vokalveränderungen und Unregelmäßigkeiten, die sich beim Indikativ Präsens beobachten lassen, sind auch bei den entsprechenden Formen des *Subjuntivo* zu finden.

– Verben, die im Indikativ Präsens eine unregelmäßige Form in der 1. Person Singular haben, behalten diese Unregelmäßigkeit in allen Formen des *Subjuntivo* Präsens bei.

caber	**caer**	**conocer**	**decir**	**hacer**	**oír**
quepa	caiga	conozca	diga	haga	oiga
quepas	caigas	conozcas	digas	hagas	oigas
quepa	caiga	conozca	diga	haga	oiga
usw.	usw.	usw.	usw.	usw.	usw.

poner	**salir**	**seguir**	**tener**	**traer**	**venir**
ponga	salga	siga	tenga	traiga	venga
pongas	salgas	sigas	tengas	traigas	vengas
ponga	salga	siga	tenga	traiga	venga
usw.	usw.	usw.	usw.	usw.	usw.

– Verben, die im Indikativ Präsens eine Stammvokalveränderung aufweisen, zeigen diese Unregelmäßigkeit auch beim *Subjuntivo*.

entender *<e → ie>*	**contar** *<o → ue>*
ent**ie**nda ent**ie**ndas ent**ie**nda entendamos entendáis ent**ie**ndan	c**ue**nte c**ue**ntes c**ue**nte contemos contéis c**ue**nten

– Bei den Verben auf *-ir* sind die Stammvokalveränderung im *Subjuntivo* dieselben wie im Indikativ Präsens. Außerdem wird in der 1. und 2. Person Plural das *e* zu *i* bzw. das *o* zu *u*.

sentir *<e → ie>*	**mentir** *<e → i>*	**dormir** *< o → ue>*
s**ie**nta s**ie**ntas s**ie**nta s**i**ntamos s**i**ntáis s**ie**ntan	m**ie**nta m**ie**ntas m**ie**nta m**i**ntamos m**i**ntáis m**ie**ntan	d**ue**rma d**ue**rmas d**ue**rma d**u**rmamos d**u**rmáis d**ue**rman

– Bei einigen Verben kommt es zu orthographischen Veränderungen gegenüber dem Infinitiv.

vencer	**dirigir**	**huir**	**seguir**
venzo	dirijo	huyo	sigas
vences	diriges	huyes	siga

Daneben finden Sie natürlich auch Verben mit gänzlich unregelmäßigen Formen.

saber	**ser**	**ir**	**ver**	**haber**	**estar**
sepa	**sea**	**vaya**	**vea**	haya	est**é**
sepas	**sea**s	**vaya**s	**vea**s	hayas	est**é**s
sepa	**sea**	**vaya**	**vea**	haya	est**é**
usw.	usw.	usw.	usw.	usw.	usw.

Weitere unregelmäßige Formen finden Sie im Anhang auf Seite 111 ff.

Der Gebrauch des *Subjuntivo*

Der *Subjuntivo* wird prinzipiell zum Ausdruck einer subjektiven Sichtweise eingesetzt. Er wird verwendet

– in Hauptsätzen zum Ausdruck von Vermutungen,

Tal vez **hayan encontrado** atasco.	Vielleicht sind sie in einen Stau geraten.
Posiblemente **esté** en casa.	Wahrscheinlich ist er/sie zuhause.
Quizá no **hayan recibido** nuestra carta.	Vielleicht haben sie unseren Brief nicht bekommen.

– in mit *que* eingeleiteten Ausrufesätzen, die eine Willens- oder Wunschäußerung ausdrücken,

¡Que **te diviertas**!	Viel Spaß!
¡Que **te mejores**!	Gute Besserung!
¡Que **llegues** bien a casa!	Komm gut nach Hause!
¡Que **duermas** bien!	Schlaf gut!
¡Que **aproveche**!	Guten Appetit!
¡Que te **vaya** bien!	Lass es dir gut gehen!
¡Que no **lleguéis** tarde!	Kommt nicht zu spät!
¡Que no se te **olvide**!	Vergiss es nicht!
¡Que **tengas** suerte!	Viel Glück!

– in zahlreichen elliptischen Sätzen, die bereits zu feststehenden Ausdrücken geworden sind,

como **sea**	egal wie
pase lo que **pase**	egal, was geschieht
o **sea**	das heißt
lo que **sea**	egal was
quien(quiera que) **sea**	egal wer

– zur Wiedergabe von Befehlsformen in der indirekten Rede (ausführlichere Beschreibung auf S. 95),

Dice el jefe que **te quedes** y **hables** con él.	Der Chef sagt, du sollst bleiben und mit ihm sprechen.

– in Relativsätzen, wenn nicht die Wirklichkeit, sondern ein Wunsch, eine Vorstellung, eine Eventualität beschrieben wird,

Quiero un bolso que **tenga** las asas de metal.	Ich will eine Tasche mit Griffen aus Metall.
Busco un piso que **esté** cerca del centro.	Ich suche eine Wohnung in Zentrumsnähe.
El que **haya terminado** puede irse.	Wer fertig ist, kann gehen.

– in mit *que* eingeleiteten Nebensätzen nach

1. Willensäußerungen (Wünsche, Befehle, Bitten, Erlaubnis, Rat, Absicht, Vorschläge und Angebote),

Quiero que **vayas** a la ciudad.	Ich möchte, dass du in die Stadt fährst.
¿Cuándo os parece bien que **lleguemos**?	Wann sollen wir kommen?
¿Desean que los **acompañe**?	Soll ich Sie begleiten?
Estudio español para que mis amigos peruanos me **entiendan**.	Ich lerne Spanisch, damit meine peruanischen Freunde mich verstehen.
La voluntad de que todo **salga** bien nos ayudará.	Der Wille, dass alles gut gelingt, wird uns helfen.

2. Gefühlsäußerungen (Gemütszustände, Hoffnung, Furcht, Freude, Bedauern, Erstaunen),

Espero que **estés** bien.	Ich hoffe, es geht dir gut.
Temo que no **salga** como pensamos.	Ich befürchte, es wird nicht klappen, wie wir dachten.
Deseo que todo **vaya** bien.	Ich wünsche, dass alles gut läuft.
Me alegra que **hayas venido**.	Es freut mich, dass du gekommen bist.

3. Meinungsäußerungen, Bewertungen, Reaktionen.

Me gusta que **haga** buen tiempo.	Es gefällt mir, wenn schönes Wetter ist.
Me molesta que **digas** eso.	Es stört mich, dass du das sagst.
Nos extraña que no **hayan llamado**.	Es wundert uns, dass sie nicht angerufen haben.
Tengo ganas de que **lleguen** las vacaciones.	Ich möchte, dass (endlich) Ferien sind.
Me parece bien que le **ayudes**.	Ich finde es gut, dass du ihm hilfst.
No hace falta que **vengáis**.	Ihr braucht nicht zu kommen.
Es estupendo que lo **hayas conseguido**.	Es ist einfach klasse, dass du's geschafft hast.
¡Qué raro que no **hayan llamado**!	Komisch, dass sie nicht angerufen haben!

¡ojo!

Wenn Haupt- und Nebensatz das gleiche Subjekt haben wird der Infinitiv verwendet.

Me molesta que **tengas** que decírselo.	Es stört mich, dass du es ihm/ihr sagen musst.
aber	
Me molesta **tener** que decirselo.	Es stört mich es ihm/ihr sagen zu müssen.

Es gibt Verben, die in der bejahten Form mit Indikativ auskommen, während deren Verneinung den *Subjuntivo* verlangt. Das sind die Verben der persönlichen Meinungsäußerung, des Glaubens und Denkens. Aber Vorsicht: Ausschlaggebend ist, dass das Verb des Hauptsatzes verneint ist, nicht das des Nebensatzes.

Creo que va a venir.	Ich glaube, dass er/sie kommen wird.
Creo que no va a venir.	Ich glaube, dass er/sie nicht kommen wird.
aber	
No creo que **vaya** a venir.	Ich glaube nicht, dass er/sie kommen wird.

Pienso que es interesante.	Ich denke, dass es interessant ist.
Pienso que no es interesante.	Ich denke, dass es nicht interessant ist.
aber	
No pienso que **sea** interesante.	Ich denke nicht, dass es interessant ist.

Gegenüberstellung von Indikativ und *Subjuntivo*

Es gibt Fälle, in denen beide Modi, sowohl *Subjuntivo* als auch Indikativ grammatikalisch zwar zulässig sind, in denen es jedoch je nach Modus zu Bedeutungsunterschieden kommt. Das ist der Fall

– bei Temporalsätzen. Abhängig davon, ob der ausschlaggebende Zeitpunkt auf die Zukunft bezogen ist oder nicht, wird der eine oder andere Modus gebraucht.

Cuando viene Luis tomamos vino.	Jedesmal, wenn Luis kommt, trinken wir Wein.
Cuando **venga** tomaremos vino.	Wenn er kommt, werden wir Wein trinken.
Espero hasta que llegan noticias.	Ich warte (immer), bis es Nachrichten gibt.
Espero hasta que **lleguen** noticias.	Ich werde warten, bis es Nachrichten gibt.
En cuanto nos llaman, salimos.	Wir gehen (immer) fort, sobald sie uns anrufen.
En cuanto nos **llamen**, salimos.	Sobald sie uns anrufen, werden wir fortgehen.

– in Verbindung mit bestimmten Konjunktionen.

Aunque hace frío vamos al Norte.	Obwohl es kalt ist fahren wir in den Norden.
Aunque **haga** frío vamos al Norte.	Auch wenn es kalt sein sollte, fahren wir in den Norden.
Dado que te interesa, hazlo.	Da es dich interessiert, mach es.
Dado que te **interese**, hazlo.	Vorausgesetzt, dass es dich interessiert, mach es.

8.4 Der *Subjuntivo* des Imperfekts und des Plusquamperfekts

Imperfecto de Subjuntivo – Subjuntivo Imperfekt			
	-ar hablar	-er aprender	-ir vivir
yo	hablara/-se	aprendiera/-se	viviera/-se
tú	hablaras/-ses	aprendieras/-ses	vivieras/-ses
él/ella/usted	hablara/-se	aprendiera/-se	viviera/-se
nosotros/nosotras	habláramos/-semos	aprendiéramos/-semos	viviéramos/-semos
vosotros/vosotras	hablarais/-seis	aprendierais/-seis	vivierais/-seis
ellos/ellas/ustedes	hablaran/-sen	aprendieran/-sen	vivieran/-sen

Pluscuamperfecto de Subjuntivo – Subjuntivo Plusquamperfekt		
haber + *Participio* *(Imperfecto de Subjuntivo)*	**hubiera/-se** **hubieras/-ses** **hubiera/-se** **hubiéramos/-semos** **hubierais/-seis** **hubieran/-sen**	hablado aprendido vivido

Die beiden Formen des *Subjuntivo* Imperfekt sind inhaltlich identisch und deshalb austauschbar. Es gibt allerdings Verben, bei denen sich eine Form gegenüber der anderen stärker durchgesetzt hat und somit gebräuchlicher ist. So wird z. B. *quisiera* häufiger verwendet als *quisiese*, *parase* häufiger als *parara* usw.

Sie können die Formen des *Subjuntivo* Imperfekt ganz einfach von der 3. Person Plural des *Indefinido* ableiten.

habla**ron** aprendie**ron** vivie**ron** hicie**ron** estuvie**ron** dije**ron** fue**ron** hubie**ron**	+	-ra/-se -ras/-ses -ra/-se -ramos/-semos -rais/-seis -ran/-sen

Der Gebrauch des *Subjuntivo* Imperfekts und des Plusquamperfekts

Der Gebrauch des *Subjuntivo* der Vergangenheit folgt denselben Regeln wie der Gebrauch des *Subjuntivo* des Präsens. In den Fällen jedoch, in dem der Hauptsatz in der Vergangenheit steht, wird im Nebensatz der *Subjuntivo* Präsens zum *Subjuntivo* Imperfekt und der *Subjuntivo* Perfekt zum *Subjuntivo* Plusquamperfekt.

No quiero que **vengas**.	Ich will nicht, dass du kommst.
No quise que **vinieras**.	Ich wollte nicht, dass du kommst.
Es importante que lo **hagas**.	Es ist wichtig, dass du es machst.
Era importante que lo **hicieras**.	Es war wichtig, dass du es gemacht hast.
Me extraña que lo **haya dicho**.	Es wundert mich, dass er/sie es gesagt hat.
Me extrañó que lo **hubiese dicho**.	Es wunderte mich, dass er/sie es gesagt hatte.

8.5 Die unpersönlichen Formen des Verbs

Der Infinitiv, das Gerundium und das Partizip dienen in Verbindung mit einem Hilfsverb zur Bildung von Zeiten, in Verbindung mit einem weiteren Vollverb zur Bildung von Verbalkonstruktionen – feste Verbindungen, die im Spanischen sehr gebräuchlich sind.

8.5.1 Der Infinitiv

Den Infinitiv erkennen Sie an den Endungen *-ar*, *-er* oder *-ir*.

Infinitivo – Infinitiv			**Infinitivo II – Infinitiv II**		
			haber *(Infinitivo)*	+	*Participio*
-ar	-er	-ir			
hablar	aprender	vivir	haber		hablado aprendido vivido

Verbalkonstruktionen mit dem Infinitiv

acabar de	Acabo de hablar con ella.	Ich habe gerade mit ihr gesprochen.
comenzar/empezar a	Comencé a/Empecé a trabajar ayer.	Gestern habe ich angefangen zu arbeiten.
estar a punto de	Estoy a punto de terminarlo.	Ich bin gleich damit fertig.
tratar de/intentar	Trata de/Intenta dormir.	Versuch zu schlafen.
pensar	Pienso cambiarme de piso.	Ich habe vor, umzuziehen.
volver a	Han vuelto a preguntar por ti.	Sie haben wieder/nochmals nach dir gefragt.
dejar de	Hemos dejado de fumar.	Wir haben aufgehört zu rauchen.
soler	Solemos dormirnos pronto.	Normalerweise gehen wir früh schlafen.
ponerse a	De pronto se puso a gritar.	Er/Sie fing plötzlich an zu schreien.
ir a	Voy a comprar.	Ich gehe einkaufen.
atreverse a	No me atrevo a decirlo.	Ich traue mich nicht es zu sagen.
dejar	¡Déjame ir!	Lass mich gehen!
obligar a/hacer	El tiempo nos obligó a/nos hizo regresar.	Das Wetter zwang uns dazu, zurückzukehren.
conseguir/lograr	No conseguí/logré llegar a tiempo.	Ich schaffte es nicht/Es gelang mir nicht, rechtzeitig zu kommen.
saber	No sabe leer ni escribir.	Er/Sie kann weder lesen noch schreiben.
oír bzw. **ver**	¿Me oíste llegar? – No, pero sí te vi encender la luz.	Hast du mich kommen hören? – Nein, aber ich habe dich das Licht anmachen sehen.

8.5.2 Das Gerundium

Die zweite unpersönliche Form lässt sich sehr leicht aus dem Infinitiv ableiten.

Gerundio – Gerundium	
Verben der 1. Gruppe tauschen *-ar* gegen *-ando*	cantar → cant**ando**
Verben der 2. u. 3. Gruppe tauschen *-er* bzw. *-ir* gegen *-iendo*	comer → com**iendo** escribir → escrib**iendo**

Sie sollten bei der Bildung des Gerundiums jedoch auf folgende Unregelmäßigkeiten achten:

– Bei Verben auf *-ir*, die im Indikativ Präsens die Stammvokalveränderung *e* ➔ *i* oder *e* ➔ *ie* erfahren, wird im Gerundium das *e* zu *i*.

pedir	p**i**d**iendo**
sentir	s**i**nt**iendo**
seguir	s**i**gu**iendo**
decir	d**i**c**iendo**
reír	**riendo**

– Bei Verben, deren Stamm auf ein Vokal endet, wird das *-i-* zwischen zwei Vokalen zu *-y-*.

leer	le**yendo**
oír	o**yendo**
ir	**yendo**

– Bei folgenden drei Verben wird der Stammvokal *-o-* zu *-u-*.

dormir	d**u**rm**iendo**
morir	m**u**r**iendo**
poder	p**u**d**iendo**

Das Gerundium wird verwendet

– als Verkürzung von Nebensätzen, die im Deutschen mit „indem", „weil", „während", „wenn", „da", „als" eingeleitet werden. Es steht in diesem Fall alleine und schließt sich häufig an die konjugierte Form des Verbes an.

Leyendo se aprende mucho.	Man lernt viel beim Lesen/indem man liest.
Se levantó **llorando**.	Er/Sie stand heulend auf.
Me caí **bajando** la escalera.	Ich stürzte, als ich die Treppe runterging.
He venido **andando**.	Ich bin zu Fuß gekommen.
Llegó **nadando**.	Er/Sie kam angeschwommen.
No arreglas nada **enfadándote**.	Es bringt nichts, wenn du dich ärgerst.

– zur Bezeichnung einer Handlung, die gerade stattfindet, wobei der Verlauf der Handlung in besonderer Weise betont wird. In diesem Fall steht das Gerundium mit der konjugierten Form von *estar*.

¿Qué **estás haciendo**?	Was machst du da/gerade?
Siempre **estaba cantando**.	Er/Sie war immer am Singen.
¿Todavía **estás comiendo**?	Bist du immer noch beim Essen?
¿Por qué (te) **has estado riendo** en clase?	Warum hast du im Unterricht die ganze Zeit gelacht?
Estoy trabajando en un café.	Zur Zeit jobbe ich in einem Café.
Estuvimos viviendo un tiempo en Berlín.	Wir wohnten eine Zeit lang in Berlin.
Te **estaré esperando** aquí.	Ich werde hier auf dich warten.
Habíamos estado pensando mucho sobre ello.	Wir hatten lange darüber nachgedacht.

Verbalkonstruktionen mit dem Gerundium

seguir/continuar	Sigue/Continua leyendo, por favor.	Lies bitte weiter.
llevar + *Zeitraum*	Llevo seis años viviendo aquí.	Ich wohne schon sechs Jahre hier.
ir	Vamos arreglando la casa.	Wir renovieren allmählich das Haus.
venir	Viene dándose este problema desde hace tiempo.	Dieses Problem taucht seit einiger Zeit immer wieder auf.
empezar	El conferenciante empezó citando a Goethe.	Der Referent fing mit einem Zitat von Goethe an.
acabar/terminar	Acabaron/Terminaron mudándose.	Schließlich sind sie umgezogen.
pasarse + *Zeitraum*	Te pasas el día trabajando.	Du arbeitest den ganzen Tag.

8.5.3 Das Partizip

Das Partizip lässt sich nach zwei Regeln vom Infinitiv ableiten.

Participio – Partizip	
Verben, der 1. Gruppe tauschen *-ar* gegen *-ado*	sent**ar** → sent**ado**
Verben, der 2. und 3. Gruppe tauschen *-er* bzw. *-ir* gegen *-ido*	com**er** → com**ido** sent**ir** → sent **ido**

Bei den Partizipien gibt es jedoch zahlreiche unregelmäßige Formen – auch bei sonst regelmäßigen Verben.

decir: **dicho**	hacer: **hecho**	poner: **puesto**	ver: **visto**
abrir: **abierto**	escribir: **escrito**	freír: **frito**	imprimir: **impreso**
romper: **roto**	morir: **muerto**	volver: **vuelto**	proveer: **provisto**

Dies gilt natürlich auch für alle von diesen abgeleiteten, zusammengesetzten Verben.

predecir: **predicho** deshacer: **deshecho** reponer: **repuesto**

Das Partizip kann alleine oder als Teil einer Verbalkonstruktion im Satz stehen. Während das Partizip in den zusammengesetzten Zeiten unveränderlich ist, wird es in diesen Fällen an das Substantiv in Zahl und Geschlecht angeglichen.

Terminada la representación, el público aplaudió durante diez minutos.	Nachdem die Aufführung beendet war, klatschte das Publikum zehn Minuten lang Beifall.

Encontré a los niños ya **dormidos**.	Ich fand die Kinder schon schlafend vor.

Verbalkonstruktionen mit dem Partizip

estar sentado, -a	Estábamos sentados en el jardín.	Wir saßen im Garten.
estar tumbado, -a	Está tumbada al sol.	Sie liegt in der Sonne.
estar levantado, -a	¿Ya estáis levantados?	Seid ihr schon auf?
llevar + *Zeitraum*	Los documentos llevan días preparados.	Die Unterlagen sind seit Tagen abholbereit.
dejar	¿Quién ha dejado la luz encendida?	Wer hat das Licht angelassen?

8.6 Das Passiv

Bei der Bildung des Passivs ist Folgendes zu beachten:

- Das Passiv wird mit dem Hilfsverb *ser* + Partizip Perfekt gebildet.
- Nur transitive Verben, d. h. Verben, die ein direktes Objekt haben, können im Passiv verwendet werden.
- Das Partizip richtet sich in Geschlecht und Zahl nach dem Subjekt des Satzes.

La exposición **ha sido inaugurada** esta mañana.	Die Ausstellung ist heute Morgen eröffnet worden.
Los manifestantes **fueron controlados** por la policía.	Die Demonstranten wurden von der Polizei unter Kontrolle gehalten.
Los resultados **son esperados** con impaciencia.	Die Ergebnisse werden ungeduldig erwartet.
El „Quijote“ **fue escrito** por Cervantes.	Der „Don Quichotte“ wurde von Cervantes geschrieben.
Ha sido descubierto un nuevo remedio contra el cáncer.	Es ist ein neues Mittel gegen Krebs entdeckt worden.

Das Passiv wird im Spanischen in der geschriebenen und gehobenen Sprache verwendet, häufig auch in journalistischen Texten. Im alltäglichen Sprachgebrauch hört man dagegen häufig die folgenden Alternativen zum Passiv:

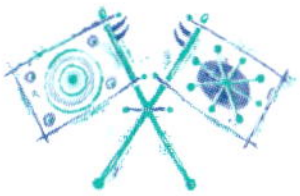

En España **se hablan** cuatro lenguas.	In Spanien werden vier Sprachen gesprochen.
En esta empresa **exigen** traje.	In diesem Unternehmen herrscht Anzugspflicht.

9 *Amigo mío, yo esto te lo cuento sólo a ti* – Das Pronomen

Der Name zeigt schon, was den Pronomen für ein Wert in der Sprache zukommt. Die „Pro-Nomen" oder Fürwörter stehen in der Tat für andere Wörter, die durch sie ersetzt oder betont werden. So vielfältig die Inhalte sind, die durch Pronomen ersetzt werden können, so vielfältig sind auch die unterschiedlichen Gruppen der Pronomen:

Die einen beziehen sich auf Personen, die anderen auf etwas Abstraktes oder Unbekanntes. Mit manchen kann der Standpunkt des Sprechers zum bezeichneten Objekt verdeutlicht werden, wieder andere drücken Besitzverhältnisse aus.

9.1 Das Demonstrativpronomen

Die Demonstrativpronomen, auch hinweisende Pronomen, weisen, wie der Name verrät, auf die Entfernung hin, die uns vom Erwähnten trennt.

Im Spanischen herrscht dabei grundsätzlich eine dreiteilige Anschauung des Raumes:

- Das Demonstrativpronomen *este, -a* drückt aus, dass sich ein Gegenstand oder eine Person im direkten Bereich und in greifbarer Nähe des Sprechers befindet.

este periódico	diese Zeitung (hier)	**esta** mujer	diese Frau (hier)
estos niños	diese Kinder (hier)	**estas** botellas	diese Flaschen (hier)

- Möchte man auf einen Gegenstand oder eine Person hinweisen, die sich in der Nähe des Sprechers befindet aber nicht greifbar ist oder die im Bereich des Gesprächspartners liegt, verwendet man das Demonstrativpronomen *ese, -a*.

ese chico	der Junge (da)	**esa** flor	die Blume (da)
esos papeles	die Papiere (da)	**esas** personas	die Menschen (da)

- Befindet sich der Gegenstand oder die Person weder in der Nähe des Sprechers noch des Angesprochenen und ist er für beide nicht greifbar, verwendet man das Demonstrativpronomen *aquel, aquella*.

aquel hombre	der Mann dort/jener Mann
aquella montaña	der Berg dort/jener Berg
aquellos árboles	die Bäume dort/jene Bäume
aquellas nubes	die Wolken dort/jene Wolken

Die Demonstrativpronomen können sowohl das Substantiv begleiten als auch allein vorkommen; im letzten Fall tragen sie in der Regel einen Akzent.

¿Quieres **este** trozo de pastel?	Willst du dieses Stück Kuchen?
No, prefiero **ése** de al lado.	Nein, ich hätte lieber das daneben.

Zu den drei angeführten Demonstrativpronomen gibt es auch ein Neutrum *(esto, eso, aquello)*, das jedoch nie zusammen mit einem Substantiv gebraucht wird und immer allein steht (und deshalb keinen Akzent benötigt).

¿Qué es **eso**?	Was ist das?
¿**Esto**? Un salchichón.	Das hier? Eine Pfefferwurst.

9.2 Das Interrogativpronomen

Um Fragen zu stellen, auf die man mit „ja“ oder „nein“ antworten kann, vertauscht man im Deutschen einfach Subjekt und Verb, im Spanischen nicht einmal das: Hier ist es die Satzmelodie, die aus einem Aussage- einen Fragesatz macht. In diesem Fall hebt sich die Stimme am Ende des Satzes. Wollen Sie jedoch eine ausführlichere Antwort haben, beginnen Sie den Fragesatz meist mit einem Interrogativpronomen.

quién/ quiénes *wer*	¿Quién ha llamado?	Wer hat angerufen?
	¿A quién esperas?	Auf wen wartest du?
	¿Por quién preguntan?	Nach wem fragen sie?
	¿Quiénes son los de la izquierda?	Wer sind jene auf der linken Seite?
qué *was*	¿Qué has dicho?	Was hast du gesagt?
	¿De qué se trata?	Um was/Worum geht es?
	¿Para qué vienes?	Wozu kommst du?
wie viel	¿Qué hora es?	Wie viel Uhr ist es?
was für ein	¿Qué novela lees?	Was für einen Roman liest du?
welche(r)	¿Qué abrigo es el de Ana?	Welcher Mantel ist Anas?
por qué *warum*	¿Por qué os marcháis ya?	Warum geht ihr schon?
	¿Por qué no?	Warum nicht?
cómo *wie*	¿Cómo te llamas?	Wie heißt du?
	¿Cómo está su familia?	Wie geht es Ihrer/seiner/ihrer Familie?
cuánto, -a, -os, -as *wie viel*	¿Cuánta ropa necesitas?	Wie viel Kleidung brauchst du?
	¿Cuántos hermanos tienes?	Wie viele Geschwister hast du?
	¿Cuánto gana un actor?	Wie viel verdient ein Schauspieler?
wie lange	¿Cuánto dura el viaje?	Wie lange fährt man?
	¿Cuánto tiempo has vivido allí?	Wie lange hast du dort gewohnt?
wie oft	¿Cuántas veces has estado en Chile?	Wie oft warst du schon in Chile?

dónde *wo*	¿Dónde has aprendido español? ¿Dónde está la parada?	Wo hast du Spanisch gelernt? Wo ist die Haltestelle?
adónde *wohin*	¿Adónde quieren ir ustedes? ¿Adónde vas tan pronto?	Wo möchten Sie hin? Wohin gehst du so früh?
de dónde *woher*	¿De dónde son tus amigos? ¿De dónde vienes?	Woher sind deine Freunde? Woher kommst du?
cuál, cuáles *welche(r)*	¿Cuál es la capital? ¿Cuál de las dos quieres?	Welche ist die Hauptstadt? Welche von beiden willst du?

Die Interrogativpronomen findet man natürlich auch in indirekten Fragen.

No sé por qué estás tan triste.	Ich weiß nicht, warum du so traurig bist.
Nos han dicho cuál es su casa.	Sie haben uns gesagt, welches Ihr/sein/ihr Haus ist.
Dime qué hora es.	Sag mir, wie spät es ist.
¿Sabes con quién he hablado?	Weißt du, mit wem ich gesprochen habe?

oder als Ausruf.

¡Qué bien!	Wie gut!
¡Cómo no!	Aber klar!

¡ojo!

Alle Interrogativpronomen tragen einen Akzent, um sie von anderen Formen zu unterscheiden.

qué – que	was – dass
cómo – como	wie – ich esse
cuándo – cuando	wann – wenn

Die Interrogativpronomen *qué* und *cuál(es)* bedeuten beide *welche(r)*. *Cuál(es)* steht jedoch immer allein während *qué* vor dem Substantiv gebraucht wird.

¿Qué coche es tuyo?	Welches Auto ist deins?
¿Cuál es tuyo?	Welches ist deins?

9.3 Das Personalpronomen

Das wichtigste aller Pronomen ist sicherlich das Personalpronomen oder auch persönliches Fürwort.

Personalpronomen als Subjekt des Satzes

yo	soy	ich bin
tú	eres	du bist
él, ella, usted	es	er/sie ist/Sie sind
nosotros, nosotras	somos	wir sind
vosotros, vosotras	sois	ihr seid
ellos, ellas, ustedes	son	sie/Sie sind

Bei den Höflichkeitsformen *usted* und *ustedes* wird unterschieden, ob wir mit einer oder mehreren Personen sprechen.

Gebrauch der Personalpronomen als Subjekt

Obwohl das Spanische über zahlenmäßig mehr Personalpronomen verfügt als das Deutsche, werden diese im Satz meistens weggelassen. Warum? – Weil die Endungen des Verbs schon deutlich genug zeigen, wer das Subjekt des Satzes ist.
Verwendet werden die Personalpronomen trotzdem, dann aber meist zu einem bestimmten Zweck, z. B.

– wenn etwas betont oder hervorgehoben wird,

¿Has roto tú el jarrón?	Hast du die Vase kaputtgemacht?
No, ha sido él.	Nein, das war er.

– wenn jemand genau identifiziert werden soll,

¿Quién es? – Soy yo.	Wer ist da? – Ich bin's.
¿Es usted el Sr. Villa?	Sind Sie Herr Villa?
No, yo soy el Sr. López.	Nein, ich bin Herr López.

– bei einem Personenwechsel in einem Gespräch.

Soy uruguayo, ¿y usted?	Ich bin Uruguayer, und Sie?
Yo soy argentino.	Ich bin Argentinier.

Die Höflichkeitsform wird dagegen sehr häufig gebraucht, unter anderem auch deswegen, um eine Verwechslung mit der 3. Person, die die gleiche Verbform aufweist, zu vermeiden.

In ganz Lateinamerika ist die Form *vosotros, -as* ungebräuchlich; statt dessen verwendet man immer *ustedes*, auch wenn man sich mit jemandem dutzt:

Roberto, ¿vienes?	Roberto, kommst du?
aber	
Roberto y Emilio, ¿vienen ustedes?	Roberto und Emilio, kommen Sie/kommt ihr?

Personalpronomen als direktes und indirektes Objekt des Satzes

Das Angebot an Pronomen im Spanischen ist wesentlich kleiner als im Deutschen, sobald es nicht mehr um das Subjekt, sondern um die Satzobjekte geht.

bezogen auf	direktes Objekt	indirektes Objekt	mit Präposition
yo	**me**	**me**	para **mí**
tú	**te**	**te**	para **ti**
él	**lo (le)***		para **él**
ella	**la**	**le** (él, ella, usted)	para **ella**
usted	**lo (le)*, la**		para **usted**
nosotros, -as	**nos**	**nos**	para **nosotros, -as**
vosotros, -as	**os**	**os**	para **vosotros, -as**
ellos	**los (les)***		para **ellos**
ellas	**las**	**les** (ellos, ellas, ustedes)	para **ellas**
ustedes	**los (les)*, las**		para **ustedes**

* Wenn das direkte Objekt männlich ist und sich auf eine Person bezieht, dürfen auch die in Klammern stehenden Formen *le* und *les* gebraucht werden. In der Regel werden diese Formen in Spanien verwendet, während man in Lateinamerika die „echten“ Akkusativformen *lo* und *los* bevorzugt.

Gebrauch der Personalpronomen als Objekt

Im Deutschen wird meist von Akkusativobjekt und Dativobjekt gesprochen, im Spanischen sind die Begriffe *objeto directo* und *objeto indirecto* – „direktes“ und „indirektes Objekt“ geläufiger.

direktes Objekt	**Te** hemos visto.	Wir haben dich gesehen.
	No **lo** creo.	Ich glaube es nicht.
	¿**Os** han invitado?	Haben sie euch eingeladen?
	Ya **los** llamo yo.	Ich rufe sie schon an.
indirektes Objekt	La película **me** ha gustado.	Der Film hat mir gefallen.
	Voy a traer**te** agua.	Ich bringe dir Wasser.
	Les darás una alegría.	Du wirst Ihnen eine Freude machen.
	¿**Le** duele, señor?	Tut es Ihnen weh?
mit Präposition	Aún piensa mucho **en ella**.	Er denkt noch viel an sie.
	¿Esto es **para mí**?	Ist das für mich?
	Estábamos hablando **de ti**.	Wir haben gerade über dich gesprochen.
	¡Ven **con nosotros**!	Komm mit uns!

Die spanischen Personalpronomen verhalten sich in Verbindung mit Präpositionen ganz anders als im Deutschen.

Bei der Verbindung Präposition + Personalpronomen unterscheidet das Spanische nicht zwischen direktem und indirektem Objekt. Hier gelten für das Personalpronomen stets die gleichen Formen: bei der ersten und zweiten Person sind das die Sonderformen *mí* und *ti*. Bei den übrigen Personen tritt die Subjektform der Personalpronomen in Kraft.

Ein Sonderfall stellt die Präposition *con* dar, bei der statt *mí* und *ti* folgende Zusammensetzungen vorkommen:

conmigo	mit mir	*aber*	con él	mit ihm
contigo	mit dir		con nosotros	mit uns

Stellung der Pronomen im Satz

Pronomen ohne Präposition stehen immer unmittelbar vor dem Verb. Stehen im Satz zwei Pronomen direkt hintereinander, steht das indirekte immer vor dem direkten Objekt.

¿Quién **me** llama?	Wer ruft mich (an)?
Siempre **me lo** cuenta.	Er/Sie erzählt es mir immer.
Ya **nos lo** han dicho.	Sie haben es uns schon gesagt.

Das Personalpronomen kann an den Infinitiv und an das Gerundium, muss an den bejahten Imperativ angehängt werden (auch wenn es zwei sind!).

¿Vamos a ver**lo**?/¿**Lo** vamos a ver?	Werden wir es sehen?
Te lo estoy diciendo/Estoy diciéndo**telo**.	Ich sage es dir ja gerade.
¡Dá**melo**, por favor!	Gib es mir bitte!

Die normale Wortstellung im Spanischen lautet:

Subjekt – Verb – direktes Objekt – indirektes Objekt

Soll das Objekt betont werden, kann dieses an den Satzanfang vor das Verb gestellt werden. In dem Fall muss es durch das entsprechende Pronomen wiederholt werden.

Pedro lleva la maleta.	Pedro trägt den Koffer.
La maleta **la** lleva Pedro.	Den Koffer trägt Pedro.
He dado dinero a Juan.	Ich habe Juan Geld gegeben.
A Juan **le** he dado dinero.	Juan habe ich Geld gegeben.

Besonders augenfällig ist die Wiederholung des indirekten Objekts durch das entsprechende Pronomen bei Verben wie *gustar, encantar, doler*. Das Objekt ist bei diesen Verben häufig emotional belegt, so dass es eine besondere Betonung erfährt und in der Regel vorangestellt wird.

A mí me encanta la montaña, pero a mi novio le gusta la playa.	Mir gefällt es äußerst gut in den Bergen, aber meinem Freund gefällt es am Strand.
A mi hijo siempre le duele algo.	Meinem Sohn tut immer etwas weh.

Stehen zwei Objekte im Satz und stehen die indirekten Objekte *le, les* vor den direkten Objekten *lo, los, la, las*, werden *le* und *les* **immer** zu *se*:

Mañana **se lo** doy.	Morgen gebe ich es Ihnen/ihm/ihr.
¿La llave? **Se la** he dado a tu hermano.	Den Schlüssel? Den habe ich deinem Bruder gegeben.

9.4 Das Reflexivpronomen

Reflexiv oder rückbezüglich bedeutet nichts anderes, als dass die Handlung auf den Handelnden zurückfällt: Wenn Sie *sich* z.B. waschen, handeln Sie nicht nur, sondern sind auch direkt von der Handlung betroffen. Sie sind sowohl Subjekt als auch Objekt der Handlung.

lavarse – sich waschen					
yo	**me**	lavo	nosotros nosotras	**nos**	lavamos
tú	**te**	lavas	vosotros vosotras	**os**	laváis
él ella usted	**se**	lava	ellos ellas ustedes	**se**	lavan

Im Spanischen spielt es dabei keine Rolle, ob das Reflexivpronomen direktes oder indirektes Objekt ist.

Me lavo por las mañanas.	Ich wasche mich morgens.
Me lavo las manos.	Ich wasche mir die Hände.

Das Reflexivpronomen steht vor der konjugierten Verbform und hinter der Verneinung. Es kann an den Infinitiv und an das Gerundium, muss an den bejahten Imperativ angehängt werden.

¿**Se** ha afeitado ya Luis?	Hat Luis sich schon rasiert?
El niño no **se** quiere peinar/ no quiere peinar**se**.	Das Kind will sich nicht kämmen.
Isabel **se** está vistiendo/está vistiéndo**se**.	Isabel zieht sich gerade an.
¡Tranquilíza**te**, hombre!	Beruhige dich, Mensch!

Im Spanischen gibt es zahlreiche reflexive Verben, die im Deutschen nicht reflexiv sind. Lassen Sie sich also nicht davon irritieren, dass Spanier und Lateinamerikaner nicht heißen, sondern „sich nennen", nicht aufstehen, sondern „sich erheben" und nicht gehen, sondern „sich gehen".

llamarse	heißen	marcharse	fortgehen
levantarse	aufstehen	comerse	aufessen
acostarse	schlafen gehen	beberse	austrinken
ducharse	duschen	caerse	hinfallen
bañarse	baden	mudarse	(sich) umziehen

Zahlreiche Verben werden im Spanischen sowohl reflexiv als auch nicht reflexiv gebraucht. Bei einigen Verben ändert sich dabei die Bedeutung nicht wesentlich; die reflexive Form drückt entweder eine stärkere Gefühlsbezogenheit des Sprechers aus

El presidente **murió** en 1993.	Der Präsident starb 1993.
Hace dos meses **se murió** mi tío.	Mein Onkel ist vor zwei Monaten gestorben.

oder ist umgangssprachlicher als die nicht reflexive Form.

Rieron al oír el chiste.	Sie lachten bei dem Witz.
Nos reímos muchísimo.	Wir haben viel gelacht.

Meist bestehen jedoch Bedeutungsunterschiede zwischen dem reflexiven und nicht reflexiven Gebrauch eines Verbs.

cambiar	(sich) ändern, wechseln	cambiarse	sich umziehen
dormir	schlafen	dormirse	einschlafen
ir	gehen, fahren	irse	weggehen
parecer	scheinen	parecerse	sich ähneln
quedar	übrig bleiben, sich verabreden	quedarse	bleiben
romper	kaputtmachen	romperse	kaputtgehen

Der Gebrauch von *se*

Hier ein kurzer Überblick über die unterschiedlichen Bedeutungen von *se*:

– ***Se*** ist das Reflexivpronomen für die 3. Person Singular und Plural.

El **se** ha bebido una botella de agua.	Er hat eine Flasche Wasser getrunken.
Ellas **se** han levantado bastante tarde.	Sie sind ziemlich spät aufgestanden.

– Wie oben erwähnt, ersetzt **se** *le(s)* vor *lo(s), la(s)*.

He regalado los libros a Leila.	Ich habe Leila die Bücher geschenkt.
Se los he regalado.	Ich habe sie ihr geschenkt.

– ***Se*** mit der 3. Person des Verbs bildet die unpersönliche Form und wird häufig als Umschreibung des Passivs benutzt.

Aquí **se** habla alemán.	Hier wird Deutsch gesprochen.
Se cuenta que...	Es wird erzählt, dass ...

– Wird ein reflexives Verb unpersönlich gebraucht, so benötigen wir die Konstruktion ***uno se***:

Uno se preocupa.	Man macht sich Gedanken.

9.5 Das Possessivpronomen

Bei den Possessivpronomen oder auch besitzanzeigenden Pronomen gibt es im Spanischen grundsätzlich zwei Varianten: Die unbetonte Form, die vor dem Substantiv gebraucht wird, und die allein stehende, betonte Form. Aber Vorsicht: „betont" und „unbetont" bezieht sich hier auf die Betonung im Satz und nicht unbedingt darauf, dass Sie mit einer der zwei Alternativen dem Gesagten mehr Nachdruck verleihen.

Besitzer ist	unbetonte Form		betonte Form
yo	**mi** **mis**	padre/madre amigos/amigas	**mío, -a** **míos, -as**
tú	**tu** **tus**	novio/novia hermanos/ hermanas	**tuyo, -a** **tuyos, -as**
él/ella/usted	**su** **sus**	gato/gata gatos/gatas	**suyo, -a** **suyos, -as**
nosotros, -as	**nuestro, -a** **nuestros, -as**	vecino/vecina vecinos/vecinas	**nuestro, -a** **nuestros, -as**
vosotros, -as	**vuestro, -a** **vuestros, -as**	hijo/hija hijos/hijas	**vuestro, -a** **vuestros, -as**
ellos/ellas/ ustedes	**su** **sus**	coche/bicicleta coches/bicicletas	**suyo, -a** **suyos, -as**

An der Form erkennt man schnell, wer als Besitzer angesprochen wird. Die Endung dagegen richtet sich nach dem bezeichneten Objekt.

Die unbetonte Form des Possessivpronomens steht immer vor einem Substantiv.

Die betonte Form des Possessivpronomens steht

- nach einem Substantiv,

Son unos amigos nuestros.	Sie sind Freunde von uns.
Tengo unos compacts tuyos.	Ich habe ein paar CDs von dir.

- nach dem Verb *ser* im Sinne von „gehören“,

¿De quién es esto? – Es nuestro.	Wem gehört das? – Es gehört uns.
¿Es tuyo este perro? – No, no es mío, es suyo.	Gehört dir dieser Hund? – Nein, er gehört nicht mir, er gehört ihm/ihr/Ihnen.

- nach dem Artikel, wenn das Substantiv nicht wiederholt werden soll.

¿Cuál es tu bolígrafo? – El mío es el negro.	Welcher ist dein Kuli? – Meiner ist der Schwarze.
Necesitamos una radio nueva. – La nuestra aún funciona.	Wir brauchen ein neues Radio. – Unseres geht noch.

Für die dritte Person gibt es nur das Possessivpronomen *su* im Singular und *sus* im Plural. Es wird zwischen keiner männlichen, weiblichen oder einer Höflichkeitsform unterschieden.

Juan vive con sus padres.	Juan wohnt bei seinen Eltern.
Lola habla con su novio.	Lola spricht mit ihrem Freund.
¿Me dice usted su nombre?	Sagen Sie mir Ihren Namen?

9.6 Das Relativpronomen

Auch als Anfänger möchte man folgende Ausdrucksweise sicherlich vermeiden:

Tengo un vecino.	Ich habe einen Nachbarn.
Es muy amable.	Er ist sehr nett.
Tiene dos hijos.	Er hat zwei Kinder
Con los hijos voy a veces al cine.	Mit den Kindern gehe ich ab und zu ins Kino.

Die Relativpronomen sorgen dafür, dass das schon Gesagte nicht immer wiederholt werden muss. Im Spanischen ist dies eine recht einfache Sache.

Tengo un vecino **que** es muy simpático y **que** tiene dos hjos con los **que** a veces voy al cine.	Ich habe einen Nachbarn, der sehr nett ist und zwei Kinder hat, mit denen ich ab und zu ins Kino gehe.

Que ist das am häufigsten verwendete Relativpronomen. Es ist unveränderlich und bezieht sich sowohl auf Sachen als auch auf Personen und kann als Subjekt

El amigo **que** me ha llamado ayer vive en Quito.	Der Freund, der mich gestern angerufen hat, lebt in Quito.

oder direktes Objekt verwendet werden.

¿Tienes los documentos **que** necesitas?	Hast du die Unterlagen, die du brauchst?

Que kann in Verbindung mit einer Präposition und mit oder ohne Artikel stehen, wobei der Artikel sich in Geschlecht und Zahl nach dem Bezugswort richtet.

El ordenador con (el) que trabajo.	Der PC, mit dem ich arbeite.
Los amigos de (los) que te he hablado.	Die Freunde, von denen ich dir erzählt habe.

El que, la que, los que, las que werden im Sinne von „der(jenige), der“; „die(jenige), die“; „das(jenige), das“; „die(jenigen), die“ verwendet.

Fermín es **el que** canta tan alto.	Fermín ist der(jenige), der so laut singt.
Los que viven aquí tienen dinero.	Die(jenigen), die hier wohnen, haben Geld.

Lo que hat die Bedeutung von „was“.

Todo **lo que** dices lo sabía ya.	Alles, was du sagst, wusste ich schon.
Pueden preguntarme **lo que** no sepan.	Sie können fragen, was Sie nicht wissen.

Die Relativpronomen *el/la cual, los/las cuales* können sich auf Sachen oder Personen beziehen und gehören der gehobeneren Sprache an.

La obra con la cual alcanzó la fama.	Das Werk, mit welchem er/sie berühmt wurde.

Das Relativpronomen *quien(es)* steht für Personen (meist in Verbindung mit einer Präposition).

El amigo **con quien** viajo.	Der Freund, mit dem ich reise.

Das Relativpronomen *donde* bezieht sich auf den Ort, *cuando* auf die Zeit.

La casa **donde/en (la) que/en la cual** vivo.	Das Haus, wo/in dem ich wohne.
Los años **cuando/en que** iba a la escuela.	Die Jahre, als/in denen ich zur Schule ging.

Die Formen *cuyo, cuya, cuyos, cuyas* drücken Besitz aus und richten sich im Gegensatz zum Deutschen in Geschlecht und Zahl nicht nach dem vorangehenden, sondern nach dem darauffolgenden Substantiv.

La escritora **cuyo libro** apareció ayer.	Die Schriftstellerin, deren Buch gestern erschienen ist.
El profesor **cuyas clases** son tan famosas.	Der Lehrer, dessen Unterrichtsstunden so bekannt sind.

9.7 Das Indefinitpronomen

Mit den Indefinitpronomen bezeichnen Sie häufig etwas Unbestimmtes, eine unbestimmte Person oder Sache. Die folgenden Erläuterungen konzentrieren sich auf die Unterschiede in Form und Gebrauch zum Deutschen, da es ansonsten in der Regel kaum zu Schwierigkeiten im Umgang mit diesen Pronomen kommt.

algo	¿Necesita algo?	Brauchen Sie etwas?
alguien	¿Ha venido alguien?	Ist jemand gekommen?
nada	No, gracias, nada.	Nein, danke; nichts.
nadie	No, nadie.	Nein, niemand.
alguno, -a	¿Alguno de vosotros sabe la hora?	Weiß (irgend)einer von euch, wie viel Uhr es ist?
algunos, -as	Si necesitas sellos, aquí hay algunos.	Wenn du Briefmarken brauchst, hier sind welche.
algún	¿Conoces algún hotel por aquí?	Kennst du (irgend)ein Hotel in der Nähe?
ninguno, -a	Ninguno tiene reloj.	Keiner hat eine Uhr.
ningún	Ningún compañero lo ha visto.	Kein Kollege hat ihn gesehen.
todo	¿Has terminado todo?	Hast du alles fertig gemacht?
todo, -a	Tengo que limpiar toda la casa.	Ich muss das ganze Haus putzen.
todos, -as	Mi abuela me llama todos los días.	Meine Oma ruft mich jeden Tag an.
mucho	Aquí no se gana mucho.	Hier verdient man nicht viel.
mucho, -a	Tú comes mucha fruta.	Du isst viel Obst.
muchos, -as	Hemos visto muchas cosas.	Wir haben viel gesehen.
poco	Nos conocemos muy poco.	Wir kennen uns kaum.
poco, -a	Tienes poca paciencia.	Du hast wenig Geduld.
pocos, -as	Ahora hay pocas oportunidades.	Jetzt gibt es wenige Gelegenheiten.
tanto	No debes beber tanto.	Du sollst nicht so viel trinken.
tanto, -a	¿Por qué ves tanta tele?	Warum siehst du so viel fern?
tantos, -as	¡Aquí hay tantos peces!	Hier gibt es so viele Fische!
bastante	No tengo bastante para pagar.	Ich habe nicht genug zum Zahlen.
bastantes	Quedan bastantes horas.	Wir haben noch genügend Zeit bis dahin.
demasiado	Creo que como demasiado.	Ich glaube, ich esse zu viel.
demasiado, -a	Hemos puesto demasiada sal.	Wir haben zu viel Salz hineingetan.
varios, -as	Comentamos varios puntos.	Wir kommentierten mehrere Punkte.
cierto, -a	He visto a cierta persona.	Ich habe eine gewisse Person gesehen.
otro, -a	Prefiero otro color.	Mir ist eine andere Farbe lieber.
cualquier	Diles cualquier cosa.	Sag ihnen irgendetwas.
cualquiera	Eso no lo hace cualquiera.	Das tut nicht jeder.
semejante	Semejante pregunta era esperable.	Eine solche Frage war zu erwarten.
cada	Cada día hace más calor.	Es wird jeden Tag wärmer.

Mengenangaben wie *mucho, poco, tanto, demasiado* sind veränderlich, sobald sie sich auf ein Substantiv beziehen.

No quiero mucho.	Ich will nicht viel.
aber	
No quiero mucha (leche).	Ich will nicht viel (Milch).

Alguno wird vor Substantiven zu *algún, ninguno* zu *ningún*. Dies gilt jedoch nur für die männliche, nicht für die weibliche Form oder den Plural.

¿Nos queda algún sello?	Haben wir eine Briefmarke übrig?
aber	
Aquí debe de haber alguno.	Hier wird noch eine sein.
No tengo ningún hermano.	Ich habe keinen Bruder.
aber	
Yo tampoco tengo ninguno.	Ich habe auch keinen.

Im Gegensatz zu *muy*, das immer nur zusammen mit einem Adjektiv vorkommt, kann *mucho* allein hinter dem Verb stehen (➔ S. 30).

Marisa escribe mucho.	Marisa schreibt viel.
Te quiero mucho.	Ich liebe dich sehr.
Me gusta mucho.	Er/Sie/Es gefällt mir sehr.

Otro, -a wird nie zusammen mit dem unbestimmten Artikel *un, una* gebraucht.

Hemos recibido otra carta.	Wir haben noch einen Brief erhalten.
Prefiero otro color.	Ich hätte lieber eine andere Farbe.
aber	
El otro me gusta más.	Der andere gefällt mir besser.

Im Gegensatz zum Deutschen wird das verneinende Wort *ninguno* nicht im Plural verwendet.

Siempre vienen muchos turistas, pero este año no hemos visto ninguno.	Es kommen immer viele Touristen, aber dieses Jahr haben wir keine gesehen.

10 *Esas palabrejas...* – Die Präposition

Präpositionen, auch Verhältniswörter genannt, drücken einen örtlichen, zeitlichen oder modalen Bezug (Art und Weise) zwischen Dingen und Personen aus. Der Form nach unterscheidet man zwischen einfachen Präpositionen, die aus nur einem Wort bestehen und präpositionalen Ausdrücken, die sich aus mehreren Wörtern zusammensetzen.

Die wichtigsten einfachen Präpositionen sind:

a	
Richtung	
Vamos a la montaña/al campo.	Wir fahren in die Berge/aufs Land.
Voy a casa de Alberto.	Ich gehe zu Alberto.
mit Uhrzeiten	
a las doce menos cuarto	um Viertel vor zwölf
a las cinco en punto	genau um fünf Uhr
bei folgenden Beförderungsmöglichkeiten	
a pie	zu Fuß
a caballo	zu Pferd
zu bestimmten Zeitpunkten	
a mediodía/medianoche	mittags/um Mitternacht
a la mañana/la tarde/la noche	morgens/abends/nachts
Entfernungen	
León está a 300 Km. de Madrid.	León liegt 300 km weit von Madrid.
Himmelsrichtungen	
Bilbao está al Norte, Jaén al Sur.	Bilbao liegt im Norden, Jaén im Süden.
mit Infinitiv	
Voy a estudiar Medicina.	Ich werde Medizin studieren.
Al verlos me alegré mucho.	Ich freute mich sehr, als ich sie sah.

mit einem indirekten Objekt (~ Dativ)

A nosotros nos gusta la playa.	Uns gefällt es gut am Strand.
A tu hermano no le va bien.	Deinem Bruder geht es nicht gut.

wenn das direkte Objekt (~ Akkusativ) bestimmte Personen oder Lebewesen bezeichnet

Recojo a Pilar.	Ich hole Pilar ab.
¿Entiendes al profesor?	Verstehst du den Lehrer?
aber	
Tengo muchos amigos.	Ich habe viele Freunde.
Necesitamos un médico.	Wir brauchen einen Arzt.

de

Herkunft

Soy de Valencia.	Ich komme/bin aus Valencia.
caviar del Irán	Kaviar aus dem Iran

Ursache oder nähere Bestimmung

Tiemblan de miedo.	Sie zittern vor Angst.
Me muero de hambre.	Ich sterbe vor Hunger.

Besitz

Las gafas son de José.	Die Brille gehört José.
la habitación de mis padres	das Zimmer meiner Eltern

nach Menge, Maß oder Anzahl

dos kilos de manzanas	zwei Kilo Äpfel
un litro de leche	ein Liter Milch
un poco de español	ein bisschen Spanisch

Stoff

un mueble de madera	ein hölzernes Möbel
El jarrón es de cristal.	Die Vase ist aus Glas.

Augenblicklicher Ausgangspunkt

Llego del trabajo.	Ich komme von der Arbeit.
Venimos de casa de Wolfgang.	Wir kommen von Wolfgang.

für Zusammensetzungen im Deutschen

un collar de perlas	eine Perlenkette
el cuarto de trabajo	das Arbeitszimmer
un bolso de mano	eine Handtasche

Tageszeiten mit Uhrzeit

las once de la noche	elf Uhr abends
las tres de la tarde	drei Uhr nachmittags

beim Datum

el 12 de octubre de 1492	am 12. Oktober 1492

in folgenden Zeitangaben

de día/de noche	tagsüber/nachtsüber
(muy) de mañana	in aller Frühe

¡ojo!

Die Präpositionen *a* und *de* bilden eine Kontraktion (Verschmelzung) mit dem bestimmten männlichen Artikel im Singular.

a + el = al

	Voy **al** cine.	Ich gehe ins Kino.
aber	Voy a la calle.	Ich gehe auf die Straße.

de + el = del

	Vienen **del** trabajo.	Sie kommen von der Arbeit.
aber	Vienen de los grandes almacenes.	Sie kommen vom Kaufhaus.

en

wo: drinnen, drauf, dran

en el cajón	in der/die Schublade
en la mesa	auf dem/den Tisch
en la pared	an der/die Wand
en el mundo	auf der Welt

bei jemandem zu Hause

en casa de Ana	bei Ana (zu Hause)
en mi casa	bei mir (zu Hause)

bei einer Firma

en Siemens	bei Siemens

mit Verkehrsmitteln

en coche	mit dem Auto
en avión	mit dem Flugzeug
en bici	mit dem Fahrrad

mit Monaten, Feiertagen, Jahreszeiten und Jahren

en enero	im Januar
en Navidad	an Weihnachten
en verano	im Sommer
en 1998	1998

mit Zeitraum

en una semana	innerhalb einer Woche

por

Tageszeiten

por la mañana	vormittags
por la tarde	nachmittags

mitten durch

pasear por la calle	auf der Straße spazieren gehen
cortar por la mitad	in der Mitte durchschneiden

mittels, gegen, dank

por teléfono, por avión	telefonisch, per Flugzeug
por dinero, por 3.000 pesos	für/gegen Geld, für 3.000 Pesos
Es posible por ellos.	Es ist dank ihnen möglich.

Grund, Beweggrund, Ursache

Lo hemos hecho por ti.	Wir haben es für dich getan.
No iremos allí por las lluvias.	Wegen des Regens gehen wir nicht dorthin.
Ha ocurrido por vuestra culpa.	Es ist euretwegen geschehen.

beim Passiv

Venezuela fue liberada por Bolívar.	Venezuela wurde von Bolívar befreit.
España fue conquistada por los árabes.	Spanien wurde von den Arabern erobert.

para	
Termin, Frist	
para mañana	bis morgen
para esta tarde	bis heute Nachmittag
para el lunes próximo	bis nächsten Montag
Richtung, Ziel	
una carta para Berlín	ein Brief nach Berlin
el tren para Bogotá	der Zug nach Bogotá
betreffs, in Hinblick auf, nach ... Meinung	
muy alto para su edad	sehr groß für sein/ihr Alter
demasiado caro para nosotros	zu teuer für uns
Para mí no es interesante.	Für mich ist es nicht interessant.
Zweck, Absicht, Bestimmung	
un regalo para ti	ein Geschenk für dich
He alquilado un coche para las vacaciones.	Ich habe ein Auto für den Urlaub gemietet.
Para no enfadarme, me marcho.	Um mich nicht zu ärgern, gehe ich (fort).

Weitere einfache Präpositionen, die Sie sich merken sollten:

ante	vor *(örtlich)*
	im/in Hinblick auf
	angesichts
bajo	unter
con	mit
contra	gegen
desde	von ... aus, ab *(örtlich)*
	seit, von ..., ab ... *(zeitlich)*
durante	während
entre	zwischen
excepto	abgesehen von, außer

hacia	nach *(örtlich)*
	gegen, circa
hasta	bis
	sogar, inklusive
mediante	mittels, durch
según	gemäß, nach, laut
sin	ohne
sobre	auf
	über
	gegen *(zeitlich)*
tras	hinter
	nach *(zeitlich)*

Im Deutschen bestimmen die Präpositionen den Fall des Substantivs bzw. Pronomens, mit dem sie auftreten, d. h. der Lernende der deutschen Sprache muss sich stets merken ob eine bestimmte Präposition den Dativ oder den Akkusativ nach sich zieht. Diese Unterscheidung entfällt im Spanischen.

Llamo a mis amigos.	Ich rufe meine Freunde an.
Hablo con mis amigos.	Ich spreche mit meinen Freunden.
Pongo el cuaderno sobre la mesa.	Ich stelle das Heft auf den Tisch.
El cuaderno está sobre la mesa.	Das Heft liegt auf dem Tisch.

Präpositionale Ausdrücke

Im Folgenden bieten wir Ihnen einen Überblick über die wichtigsten präpositionalen Ausdrücke an. In den Fällen, in denen sie neben dem präpositionalen Ausdruck auch eine einfache Präposition verwenden können, wird diese angegeben.

Präpositionaler Ausdruck	einfache Präposition	
a causa de	por	wegen, aufgrund
a excepción de		abgesehen von
a la derecha de		rechts von
a la izquierda de		links von
a pesar de		trotz
a través de	por	durch
	mediante	mittels
acerca de	sobre	über
además de		neben, zusätzlich zu
al cabo de	tras	nach *(zeitlich)*
al lado de		neben, in der Nähe von
alrededor de		um ... herum
antes de		vor *(zeitlich)*
cerca de		in der Nähe von, nahe bei
conforme a	según	nach, gemäß, laut
de acuerdo con	según	nach, gemäß, laut
de cara a	ante	im/in Hinblick auf, angesichts
debajo de	bajo	unter
debido a	por	aufgrund, wegen
delante de	ante	vor *(örtlich)*
dentro de	en	in, innerhalb *(örtlich)* in *(zeitlich)*
después de	tras	nach *(zeitlich)*

detrás de	tras	hinter
en cuanto a		in Bezug auf, bezüglich
en dirección a	hacia	in Richtung ..., nach
en lugar de	en vez de	statt, anstelle
en medio de		mitten in
en torno a		um ... herum
en vez de		statt, anstelle
encima de	sobre, en	auf
enfrente de		gegenüber von
frente a		gegenüber *(örtlich)* angesichts
fuera de		außerhalb von, außen von *(örtlich)*
	excepto	außer, abgesehen von
gracias a		dank
junto a		neben
	con	samt, neben
lejos de		weit weg von
pese a		trotz
respecto a		in Bezug auf, bezüglich

10.1 Präpositionen, die vom Verb abhängen

Wie im Deutschen gibt es auch im Spanischen Verben, die eine oder mehrere Präpositionen fordern. Hier hilft ein Vergleich zwischen beiden Sprachen leider wenig, da die Festlegung der richtigen Präpositionen rein sprachspezifischer Natur ist. Kein Wunder, dass ausgerechnet hier die meisten Fehler auftreten. Aus diesem Grund finden Sie im Folgenden eine Zusammenfassung der häufigsten Konstruktionen unter besonderer Berücksichtigung der „falschen Freunde“:

acordarse de	sich erinnern an
acostumbrarse a	sich gewöhnen an
alegrarse de/por	sich freuen über/für
asistir a	besuchen, beiwohnen
asomarse a	erscheinen auf, in
bajar de	aussteigen aus, absteigen von, hinuntergehen von, heruntergehen von
cambiar de, por	wechseln gegen, tauschen gegen
carecer de	nicht haben, Mangel haben an
casarse con	heiraten
confiar en	trauen
constar de	bestehen aus
consistir en	bestehen in
contestar a	antworten auf, Antwort geben auf

contribuir a	beitragen zu
convencer de	überzeugen von
cuidar de	pflegen
deberse a	liegen an, beruhen auf
dedicarse a	sich beschäftigen mit
decidirse a/por	sich entscheiden zu/für
enfadarse con/por	sich ärgern über/wegen
entrar en	(herein-, hinein)kommen in
enviar a/por	schicken an/per, mit
escapar(se) de	entkommen
fiarse de	sich verlassen auf
hablar de, sobre	sprechen über
influir en	beeinflussen
invitar a	einladen zu
ir en	fahren mit
jugar a	spielen
llegar a	ankommen in
meter en	hineinlegen in, stecken in, stellen in
ocuparse de	sich kümmern um, sich beschäftigen mit
oler a	riechen nach
pasar por	vorbeikommen bei, fahren über
pensar en	denken an
poner en	setzen auf, in/legen auf, in/stellen auf, in
preguntar a, por	fragen, fragen nach
reflexionar sobre	nachdenken über
responder a	antworten, eine Antwort geben auf
saber a	schmecken nach
sacar de	herausziehen aus
salir de/con	herausgehen aus, hinausgehen aus/ ausgehen mit
servir de/para	dienen als/zu
soñar con	träumen von
subir a	einsteigen in/hinaufgehen in, zu/heraufgehen in, zu
tener ganas de	Lust haben zu, auf
tener miedo de	Angst haben vor
tratar de	versuchen zu, handeln von
tratarse de	sich handeln um, gehen um
volver a	zurückgehen nach, in/fahren nach, in

10.2 Präpositionen mit dem Infinitiv

Besondere Bedeutung aufgrund ihrer Häufigkeit haben die Verbindungen mit einem Infinitiv. Achten Sie auf die Übertragung ins Deutsche:

al	**Al abrir** la puerta no vi nada. **Al levantarme** me mareo.	Als ich die Tür aufmachte, konnte ich nichts sehen. Beim Aufstehen wird mir schwindlig.
antes de	Una pastilla **antes de comer.** **Antes de salir** cierra la ventana.	Eine Tablette vor dem Essen. Bevor du gehst mach das Fenster zu.
después de	Quedamos **después de trabajar.** **Después de despedirse** se fue.	Wir treffen uns nach der Arbeit. Nachdem er/sie sich verabschiedet hatte, ging er/sie.
de (no)	**De (no) poder** venir, avísanos.	Wenn du (nicht) kommen kannst, sag uns Bescheid.
hasta	Estuvimos allí **hasta tener** noticias.	Wir waren dort, bis uns die Nachricht erreichte.
para	Vengo **para hablar** con ustedes.	Ich komme, um mit Ihnen zu sprechen.
por	**Por no saludarme** cambió de acera.	Um mich nicht grüßen zu müssen, wechselte er/sie die Straßenseite.
sin	Te marchaste **sin decir** nada.	Du bist weggegangen, ohne etwas zu sagen.
con **pese a** **a pesar de**	**Con/Pese a/A pesar de no tener** tiempo, nos visitaron.	Obwohl sie keine Zeit hatten, besuchten sie uns.

11 *Si tú supieras lo que yo sé...* – Konjunktionen und Nebensätze

Mit Konjunktionen, auch Bindewörter genannt, werden Satzteile oder auch ganze Sätze miteinander verbunden.Während man beim Erlernen einer Sprache zu Beginn einfache, kurze Sätze bildet wie

Antonio viene.	Antonio kommt.
Entonces comemos deprisa.	Dann essen wir schnell.
Tiene que volver al trabajo.	Er muss zurück zur Arbeit.

könnte dieselbe Aussage im fortgeschrittenen Lernstadium und dank der Kenntnisse der Konjunktionen lauten:

Comemos en cuanto viene Antonio porque tiene que volver al trabajo.	Wir essen sobald Antonio kommt, weil er zurück zur Arbeit muss.

Man unterscheidet zwischen nebenordnenden und unterordnenden Konjunktionen. Die nebenordnenden Konjunktionen verbinden gleichrangige Sätze miteinander, also Hauptsätze. Die unterordnenden Konjunktionen verbinden Sätze miteinander, von denen der eine dem anderen untergeordnet ist, also Haupt- mit Nebensätzen.

11.1 Nebenordnende Konjunktionen

y, e	und	Olga me llama **y** me escribe, **e** incluso me visita.	Olga ruft an und schreibt, und sie besucht mich sogar.
o, *u*	oder	Por las tardes trabajo **o** estudio, **u** ordeno en casa.	Nachmittags arbeite oder studiere ich, oder ich räume zu Hause auf.
ni... ni...	weder ... noch ...	**Ni** me enfada **ni** me molesta.	Weder ärgert es mich noch stört es mich.
o... o...	entweder ... oder ...	**O** vienes **o** te quedas.	Entweder du kommst oder du bleibst.
mas	(je)doch	Nos miró, **mas** no dijo nada.	Er/Sie sah uns an, sagte jedoch nichts.
aunque	obwohl	Vivimos aquí **aunque** somos del Perú.	Wir wohnen hier, obwohl wir aus Perú kommen.

pero	aber	Nos levantamos pronto **pero** nos acostamos tarde.	Wir stehen früh auf aber gehen spät ins Bett.
sino	sondern	No sólo no me ayudas **sino** que me das problemas.	Nicht nur, dass du mir nicht hilfst, du machst mir auch noch Schwierigkeiten.
pues	denn	No recibí el paquete, **pues** estaba de viaje.	Ich bekam das Päckchen nicht, denn ich war verreist.
ya... ya...	mal ... mal ...	**Ya** llueve, **ya** hace viento, pero el verano no llega.	Mal regnet es, mal ist es windig, aber der Sommer kommt nicht.

11.2 Unterordnende Konjunktionen

Unterordnende Konjunktionen leiten Nebensätze ein. Entsprechend der Beziehung, die eine Konjunktion zwischen einem Haupt- und Nebensatz herstellt, unterscheidet man verschiedene Bedeutungsgruppen, nach denen die Konjunktionen klassifiziert werden.
Es ist wichtig zu beachten, dass es Konjunktionen gibt, die den *Subjuntivo* nach sich ziehen. Im Folgenden finden Sie eine Zusammenfassung der wichtigsten Konjunktionen und deren Gebrauch.

Temporalsätze		**werden mit *Subjuntivo* benutzt**
cuando	wenn; als	wenn auf die Zukunft bezogen
siempre que	immer wenn; sooft	wenn auf die Zukunft bezogen
cada vez que	sooft; jedesmal, wenn	wenn auf die Zukunft bezogen
hasta que	bis	wenn auf die Zukunft bezogen
desde que	seit(dem)	*nie*
una vez que	nachdem; sobald	wenn auf die Zukunft bezogen
mientras	während; solange	im Sinne von „solange"
antes que	bevor	wenn auf die Zukunft bezogen
después que	nachdem	wenn auf die Zukunft bezogen
en cuanto	sobald	wenn auf die Zukunft bezogen
tan pronto como	sobald	wenn auf die Zukunft bezogen
Kausalsätze (Grund)		
porque	weil	bei vermutlichem Grund
ya que	da	nie
puesto que	da	nie
dado que	da	bei vermutlichem Grund
como	da	bei vermutlichem Grund

Finalsätze (Zweck)		
para que	damit	immer
a fin de que	damit	immer
Modalsätze (Art und Weise)		
como	wie; als	bei vermutlicher Art
como si	als ob	immer mit *Subjuntivo* der Vergangenheit
tal como	so wie	bei vermutlicher Art
igual que	genauso wie	bei vermutlicher Art
lo mismo que	genauso wie	bei vermutlicher Art
mientras que	während	bei vermutlicher Art
sin que	ohne dass	immer
cuanto más... más...	je mehr ... desto mehr ...	bei vermutlicher Art
Konsekutivsätze (Folge)		
así que	also; so dass	im Sinne von „mit der Absicht, dass“
de modo/ manera que	so dass	im Sinne von „mit der Absicht, dass“
Konzessivsätze (einräumend)		
aunque	auch wenn	immer
aun cuando	auch wenn	immer
Konditionalsätze (Bedingung)		
a condición de que	vorausgesetzt, dass	immer
a no ser que	es sei denn, dass	immer
si	wenn	(→ S. 94 f.)

Einen besonderen Fall stellen die Konjunktionen *que* und *si* dar. Sie kommen häufig vor und weisen verschiedene Gebrauchsmöglichkeiten auf, so dass sie im Folgenden ausführlicher behandelt werden.

Que

Das spanische *que* steht

– grundsätzlich in allen Fällen, wo im Deutschen *dass* benutzt wird,

– in elliptischen Sätzen, wo das Deutsche kein *dass* benötigt,

Dijo que sí/que no.	Er/Sie sagt ja/nein.
Creo/Pienso que no.	Ich glaube/denke nicht.

– bei indirekten Befehlen, wobei es hier des *Subjuntivos* bedarf,

Que vengan aquí.	Sie sollen hierher kommen.
Que te lo dé.	Er/Sie soll es dir geben.

– in der Umgangsprache im Sinne von „denn", „weil".

Acércame la sal, que no llego.	Reich mir bitte das Salz, denn ich komme nicht dran.

Verwechseln Sie die Konjunktion *que* (dass) nicht mit dem Relativpronomen *que* (der, die, das) oder dem Fragepronomen *qué* (was). Letzteres trägt einen Akzent.

Si

Die Konjunktion *si* leitet einen Konditionalsatz ein. Dabei gibt es folgende Arten von Bedingungen, die es zu unterscheiden gilt:

– Immer geltende, wahrscheinliche oder zumindest mögliche Bedingungen,

Si no llueve en primavera, la cosecha es mala.	Wenn es im Frühling nicht regnet, ist die Ernte schlecht.
Si no encuentro trabajo seguiré estudiando.	Wenn ich keine Arbeit finde, werde ich weiter studieren.
Si no dejas de fumar vas a tener problemas.	Wenn du nicht aufhörst zu rauchen, wirst du Schwierigkeiten bekommen.
Si tienes tiempo, ven con nosotros.	Wenn du Zeit hast, komm mit uns.

– unwahrscheinliche, jedoch (zumindest theoretisch) mögliche Bedingungen (hier bedarf es des *Subjuntivo* im *si*-Satz),

Si pudiera/pudiese, te ayudaría.	Wenn ich könnte, würde ich dir helfen.
Si conociera/conociese mejor a Luis hablaría con él.	Wenn ich Luis besser kennen würde, würde ich mit ihm sprechen.
Si tuviéramos/tuviésemos alas, podríamos volar.	Wenn wir Flügel hätten, könnten wir fliegen.

– unmögliche, weil auf die Vergangenheit bezogene Bedingungen (hier bedarf es des *Subjuntivo* Plusquamperfekt im *si*-Satz).

Si hubiera/hubiese podido, te habría/hubiera/hubiese ayudado.	Wenn ich gekonnt hätte, hätte ich dir geholfen.
Si hubiera/hubiese conocido mejor a Luis habría/hubiera/hubiese hablado con él.	Wenn ich Luis besser gekannt hätte, hätte ich mit ihm gesprochen.

¡ojo!

Beachten Sie, dass im dritten Fall sowohl Konditional als auch *Subjuntivo* Plusquamperfekt im Hauptsatz stehen können, im zweiten Fall jedoch nicht.

12 *Dice que lo quiere saber todo* – Die indirekte Rede

Die indirekte Rede wird immer mit einem Verb des Sagens eingeleitet. Im Folgenden finden Sie eine Auswahl der am häufigsten verwendeten Verben dieser Art:

preguntar	fragen	pedir	bitten, verlangen
responder, contestar	antworten	rogar	bitten, anflehen
comentar	kommentieren	opinar	meinen, äußern
aludir	erwähnen	lamentar	bedauern
responer	antworten, erwiedern	insistir (en)	bestehen (darauf, dass)
afirmar	behaupten	exigir	auffordern
repetir	wiederholen	recordar	sich erinnern
mandar, ordenar	befehlen	prohibir	verbieten

Das Erzählte wird anhand der Konjunktionen *que* (dass) und *si* (ob), wenn es sich um eine Frage handelt, eingeführt.

Afirmaron que no nos conocían.	Sie behaupteten, dass sie uns nicht kannten.
Me preguntó si sabía algo.	Er/Sie fragte, ob ich etwas wüsste.

Das Verb des Sagens, das die indirekte Rede einleitet, hat einen entscheidenden Einfluss auf die verwendete Zeit im Nebensatz.

– Wenn das einleitende Verb des Sagens im Präsens, im Perfekt, im Futur I oder im Konditional steht, ändert sich die Zeit des Nebensatzes gegenüber der direkten Rede nicht. Die einzige Ausnahme bildet der Imperativ. Dieser wird zum *Subjuntivo* Präsens.

„Tengo hambre."	„Ich habe Hunger."
Dice que tiene hambre.	Er/Sie sagt er/sie habe Hunger.
„Abre la ventana."	„Mach das Fenster auf."
Dice que abra la ventana.	Er/Sie sagt, ich soll das Fenster aufmachen.

– Wenn das einleitende Verb des Sagens in einer Vergangenheitsform steht (*Indefinido*, Imperfekt oder Plusquamperfekt), bleiben im Nebensatz das Imperfekt, der Konditional und das Plusquamperfekt der direkten Rede erhalten. Die übrigen Zeiten erfahren folgende Veränderung:

Präsens	→	Imperfekt
Futur	→	Konditional
Perfekt	→	Plusquamperfekt
Indefinido	→	*Indefinido*/Plusquamperfekt
Imperativ	→	*Subjuntivo* des Imperfekts
Subjuntivo des Präsens	→	*Subjuntivo* des Imperfekts
Subjuntivo des Perfekts	→	*Subjuntivo* des Plusquamperfekts

„**Tengo** hambre.“ Dijo que **tenía** hambre.	„Ich habe Hunger.“ Er/Sie sagte, er/sie habe Hunger.
„**Vendré** luego.“ Dijo que **vendría** luego.	„Ich werde nachher kommen.“ Er/Sie sagte, er/sie werde nachher kommen.
„**Ha llovido.**“ Dijo que **había llovido**.	„Es hat geregnet.“ Er/Sie sagte, es habe geregnet.
„**Comí** mucho.“ Dijo que **comió/había comido** mucho.	„Ich habe viel gegessen.“ Er/Sie sagte, er/sie habe/hatte viel gegessen.
„**Venga** aquí.“ Dijo que **fuera** allí.	„Kommen Sie her.“ Er/Sie sagte, ich/er/sie solle kommen.
„No **creo que pueda.**“ Dijo que no **creía que pudiera**.	„Ich glaube nicht, dass ich kann.“ Er/Sie sagte, er/sie glaube nicht, dass ich/er/sie könne.
„El que lo **haya hecho**, que lo **dijera**.“ Dijo que el que lo **hubiera hecho**, que lo **diga**.	„Wer es gemacht hat, soll es sagen.“ Er/Sie sagte, wer es gemacht hätte, solle es sagen.

¡ojo! Achten Sie darauf, dass verschiedene Bestandteile des Erzählten durch die indirekte Rede eine neue Perspektive erhalten. Das betrifft die genannten Personen, die Zeit- und Ortsangaben, die besitzanzeigenden Pronomen usw.

¿Podéis venir a mi casa mañana?	Könnt ihr morgen zu mir kommen?
Preguntó si **podíamos** ir a **su** casa **al día siguiente**.	Er/Sie fragte, ob wir am folgenden Tag zu ihm/ihr gehen könnten.

13 ¡Ándele, ándele! – Lateinamerikanisches Spanisch

In dieser Grammatik wurden immer wieder die Unterschiede zu der spanischen Sprache, wie sie in Lateinamerika gesprochen wird, behandelt. Ausgangspunkt war dabei immer das Spanisch, wie es in Spanien gesprochen wird. Genau betrachtet ist dies ungerecht, gibt es doch 250 Millionen Spanisch Sprechende in Lateinamerika gegenüber 40 Millionen Einwohnern Spaniens.

Diese 250 Millionen Spanisch Sprechende in Lateinamerika wehren sich dagegen, dass sie *español* sprechen, denn die Bezeichnung weist für sie zu deutlich auf die Zeiten der Eroberung und den Einfluss Spaniens auf ihren Kontinent hin. Sie nennen ihre Sprache *castellano,* der offizielle Begriff für das Spanische.

Natürlich können wir hier aus Platzgründen nicht auf alle Varianten der verschiedenen lateinamerikanischen Länder eingehen. Vielmehr werden kurz die markantesten Merkmale aufgezählt, die Ihnen einen ersten Zugang zu dem lateinamerikanischen Spanisch ermöglichen sollen.

- Die wichtigsten Unterschiede bezüglich der Aussprache sind:

  z und **c** werden nicht wie das englische <*th*>, sondern wie ein stimmloses *s* ausgesprochen
  j und **g** ähneln dem deutschen *h*
  ll und **y** werden in der Umgangssprache wie das spanische *y* ausgesprochen

- In Fällen, in denen der Spanier die 2. Person Plural *(vosotros, -as)* benutzt, verwendet der Lateinamerikanisch Sprechende die Form *ustedes.*

Nosotros pasaremos las vacaciones de verano en la montaña, y ustedes, ¿ya tienen planes?	Wir werden die Sommerferien in den Bergen verbringen, und ihr, habt ihr schon was vor?

- Sehr verbreitet ist der *voseo,* d. h. der Gebrauch von *vos* anstelle von *tú,* der auch mit eigenen Verbformen verbunden ist.

vos hablás	du sprichst
vos bebés	du trinkst
vos decís	du sagst
vos te levantás	du stehst auf

- Es werden häufig Verkleinerungsformen verwendet, ohne dass sich dabei die Bedeutung des Wortes ändert.

ahorita	jetzt
tempranito	früh
lueguito	später, nachher

- In Lateinamerika wird der *Indefinido* häufig anstelle des Perfekts verwendet und das Perfekt wiederum anstelle des *Indefinido*.

¿Ya oíste lo de antes?	Hast du schon das von vorhin gehört?
Hace unas semanas he regresado.	Vor ein paar Wochen kam ich zurück.

- In den Ländern Lateinamerikas gibt es eine große Anzahl von Wörtern, die in Spanien nicht bekannt sind und die selbst der Spanier lernen muss, um in Lateinamerika keine Verständigungsschwierigkeiten zu haben. In einzelnen Fällen kommt es bei Wörtern gegenüber dem Spanischen auch zu Bedeutungsverschiebungen:

in Lateinamerika	**im Sinne von**	**in Spanien sagt man**
carro	Auto	Karren
plata	Geld	Silber
camión	Bus	LKW
luego	jetzt	nachher
pararse	aufstehen	anhalten

Diese Eigenarten sind die Folge unterschiedlicher Faktoren, wie der starke Einfluss von den z. T. noch lebendigen und viel gesprochenen Sprachen aus präkolumbianischer Zeit auf das Spanische, dem Aufeinandertreffen verschiedener europäischer Sprachen (Spanisch, Portugiesisch, Italienisch, Englisch, Französisch), dem Einfluss des US-Amerikanischen und nicht zuletzt einer eigenständigen, von der iberischen Halbinsel unabhängigen Entwicklung der Sprache.

14 *Aún hay más* – Typische Stolpersteine

Bei dem Erlernen einer Fremdsprache macht man leider immer wieder die Erfahrung: Manche Fehler wiederholen sich, egal, wie oft man die Regel dazu gehört hat. Warum das? Der häufigste Grund ist, dass sich die Fremdsprache in dem Punkt ganz anders verhält als die eigene Sprache und es somit schwer ist, eine uns fremde Struktur zu verinnerlichen. Um Ihnen den Weg ein wenig zu ebnen, haben wir in diesem Kapitel einige Stolpersteine ausführlicher behandelt. Viel Erfolg!

14.1 *Ser* und *estar*

Der Gebrauch dieser zwei Verben ist zwar keine einfache Sache, jedoch bei weitem nicht so schwer wie oft angenommen wird. Im Spanischen gibt es tatsächlich für das einfache deutsche *sein* zwei verschiedene Verben, *ser* und *estar*. Sie lassen sich jedoch klar voneinander abgrenzen.

Ser

– wird vor Substantiven gebraucht,

Mañana es domingo.	Morgen ist Sonntag.
Lima es la capital del Perú.	Lima ist die Hauptstadt Perus.
Pedro es un buen amigo.	Pedro ist ein guter Freund.
Es un hotel muy caro.	Das ist ein sehr teures Hotel.
Esta es mi hermana mayor.	Das ist meine ältere Schwester.

– wird verwendet für Personenangaben wie Identität, Herkunft, Beruf, Religion,

Soy Jorge Medina.	Ich bin Jorge Medina.
Somos bolivianos, de La Paz.	Wir sind Bolivianer, aus La Paz.
Son abogadas.	Sie sind Anwältinnen.
Somos católicos.	Wir sind katholisch.

– steht bei Zeitangaben,

¿Qué hora es? – Son las doce y media.	Wie spät ist es? Es ist halb eins.
¿Qué día es hoy? – Hoy es miércoles.	Was ist heute für ein Tag? – Heute ist Mittwoch.

– steht bei Angabe des Besitzes und des Stoffes mit der Präposition *de*,

La puerta es de madera.	Die Tür ist aus Holz.
¿Estos cuadernos son vuestros?	Gehören euch diese Hefte?

– dient als Hilfsverb zur Bildung des Passivs.

La zona fue evacuada por los bomberos.	Die Gegend wurde von der Feuerwehr evakuiert.

Estar

– bedeutet „sich befinden", „irgendwo sein", „liegen", „stehen",

Miguel está en Berlín.	Miguel ist in Berlin.
Segovia está en España, al norte de Madrid.	Segovia liegt in Spanien, nördlich von Madrid.

– steht beim Datum ausschließlich in folgenden festen Verbindungen:

¿A cuántos estamos? – Estamos a día 8.	Den Wievielten haben wir? – Wir haben den 8.
¿A qué día estamos? – Estamos a jueves.	Was für einen Tag haben wir? – Wir haben Donnerstag.

– dient als Hilfsverb zur Bildung der Verlaufsform.

Estamos viendo la tele.	Wir sehen gerade fern.
Hemos estado comprando toda la mañana.	Wir haben den ganzen Morgen mit Einkaufen verbracht.
Dentro de una semana estaremos recorriendo Cuba.	In einer Woche werden wir unterwegs in Kuba sein.

In den obigen Anwendungsbeispielen folgt der Gebrauch von *ser* und *estar* festen Regeln. Etwas schwieriger wird es, wenn Sie sich im Zusammenhang mit Adjektiven und Partizipien zwischen *ser* und *estar* entscheiden müssen. Es kann hier zu feinen Bedeutungsunterschieden kommen, je nachdem welches Hilfsverb Sie einsetzen.

Bedeutungsvergleich von *ser* und *estar* vor Adjektiv oder Partizip

Ser benennt (wesentliche, dauerhafte, charakteristische) Eigenschaften, **estar** drückt hingegen einen Zustand aus (Gefühle, Befinden)

– Adjektive, die nur mit *ser* vorkommen sind z. B.:

inteligente	intelligent
responsable	verantwortungsvoll
trabajador	fleißig
malvado	boshaft

– Adjektive, die nur mit *estar* vorkommen sind z. B.:

ocupado	beschäftigt, besetzt
enfermo	krank
preocupado	besorgt
contento	zufrieden, froh

Es gibt jedoch auch Adjektive, die je nach Verb eine (vollkommen) andere Bedeutung haben:

ser listo	schlau sein	estar listo	fertig sein
ser aburrido	langweilig sein	estar aburrido	sich langweilen
ser cansado	anstrengend sein	estar cansado	müde sein
ser libre	frei, ungebunden sein	estar libre	frei, nicht besetzt sein
ser abierto	offen, aufgeschlossen sein	estar abierto	offen, auf sein

Eine vierte Gruppe bilden die Adjektive, die mit *ser* eine Eigenschaft und mit *estar* einen Zustand ausdrücken:

ser sano	gesund sein, die Gesundheit fördern	estar sano	gesund sein, eine gute Gesundheit haben
ser viejo	alt sein	estar viejo	alt aussehen, gebrechlich sein, abgetragen sein
ser joven	jung sein	estar joven	jung aussehen
ser triste	*(Situation)* traurig sein	estar triste	*(Mensch)* (augenblicklich) traurig sein
ser nervioso	nervös sein	estar nervioso	(augenblicklich) nervös sein
ser simpático	freundlich sein	estar simpático	sich freundlich benehmen

In manchen Fällen können sowohl *ser* als auch *estar* verwendet werden, ohne dass ein Bedeutungsunterschied vorliegt.

ser/estar soltero	ledig sein
ser/estar delgado	schlank sein

Folgende häufige Ausdrücke sollten Sie sich merken:

estar bien	sich wohl fühlen, in Ordnung sein, stimmen
ser bueno	gut sein, guter Qualität sein, ein guter Mensch sein
estar bueno	gut schmecken, gesund sein
estar mal	sich nicht wohl fühlen, nicht stimmen
ser malo	schlecht sein, schlechter Qualität sein, bösartig sein
estar malo	nicht gut schmecken, krank sein, verdorben sein

In Lateinamerika können die hier aufgeführten Regeln von Land zu Land schwanken.

14.2 *Hay* und *estar*

Um die Position einer Person oder eines Gegenstandes im Raum zu beschreiben, haben wir im Deutschen neben „sein“ eine reichhaltige Auswahl zwischen zahlreichen anderen Verben wie „sitzen“, „liegen“ oder „stehen“. Im Spanischen wird die Position meist nur mit *estar* oder *hay* (es gibt), die unpersönliche Form von *haber*, angegeben. Zum Gebrauch von *estar* und *hay* ist Folgendes anzumerken:

- Das Verb *estar* wird nie mit einer Ortsbestimmung gebraucht. Das ist wahrscheinlich der häufigste Fehler unter Spanisch Lernenden.

- Ob *estar* oder *hay* gebraucht wird, richtet sich danach, ob das Subjekt bestimmt oder unbestimmt ist.

estar **+ Bestimmtes**	***hay*** **+ Unbestimmtes**
+ bestimmter Artikel: **el, la, los, las**	**+ unbestimmter Artikel:** **un, una, unos, unas**
El árbol está en el jardín. Der Baum steht im Garten.	En el jardín hay un árbol. Im Garten steht ein Baum.
+ Personalpronomen: **yo, tú, el, ella...**	**+ Indefinitpronomen:** **mucho, poco, nada, todo, alguien, nadie, ninguno, otro**
Estamos en el restaurante. Wir sind im Restaurant.	Hay pocos clientes en el bar. Es sind wenige Gäste in der Kneipe.
+ Demonstrativpronomen: **este, esta, ese, esa, aquel, aquella...**	**+ Zahlen**
Aquella montaña está muy lejos. Der Berg (dort) ist sehr weit weg.	Hay más de 300 millones de hablantes de español. Es gibt mehr als 300 Millionen Spanisch Sprechender.
+ Possessivpronomen: **mi, tu, su...**	**+ Substantive ohne Bestimmung:** **pan, dinero, agua...**
¿Dónde están vuestras maletas? Wo sind/stehen eure Koffer?	No hay gente en la calle. Es sind keine Menschen auf der Straße.
+ Personeneigennamen	
¿Dónde está Alberto? Wo ist Alberto?	

+ Geographische Bezeichnungen: Orts-, Flussnamen ... Montevideo está en Uruguay. Montevideo liegt in Uruguay.	

14.3 *Gustar* und andere Verben mit Dativ

Es gibt Verben im Spanischen, mit denen sich der Lernende erfahrungsgemäß schwer tut: Es sind die Verben, bei denen die handelnde Person im Dativ steht und die somit stets den Gebrauch des entsprechenden Personalpronomens nach sich ziehen. Nehmen wir als Beispiel das Verb *gustar:*

die betroffene Person steht im Dativpronomen		das Verb richtet sich nach	dem, worum es geht
a mí)	me		
(a ti)	te	gusta	el pescado
(a él/ella/Ud.)	le	gusta	ir en bici
(a nosotros/-as)	nos	gustan	las personas amables
(a vosotros/-as)	os	gustan	los animales
(a ellos/ellas/Uds.)	les		

Es gibt neben *gustar* noch mehr Verben dieser Art:

gustar	gefallen, schmecken	Me gusta la primavera. Der Frühling gefällt mir.
encantar	sehr gut gefallen	Me encanta la playa. Es gefällt mir sehr gut am Strand.
parecer	vorkommen, finden	Me parece difícil. Das kommt mir schwer vor.
ir bien	passen	¿Te viene bien ahora? Passt es dir jetzt?
apetecer	Lust haben	Ahora no me apetece. Im Moment mag ich nicht.
doler	wehtun, schmerzen	Le duele la rodilla. Ihm/Ihr tut das Knie weh.
pasar	geschehen, fehlen	¿Qué te pasa? Was fehlt dir?/Was hast du?
faltar	fehlen, brauchen	Nos falta experiencia. Uns fehlt die Erfahrung.

14.4 Die Verneinung

Die Verneinung im Spanischen verstößt ab und zu gegen die deutsche Logik, folgt aber absolut einfachen Regeln:

– Die Negation *no* steht vor dem konjugierten Verb.

Pablo no está en casa.	Pablo ist nicht zu Hause.
No hemos visitado la catedral.	Wir haben den Dom nicht besichtigt.
No voy a acompañarte.	Ich werde dich nicht begleiten.
No había hablado con Luis desde ayer.	Ich hatte seit gestern nicht mit Luis gesprochen.

– *No* steht vor dem unbetonten Dativ-, Akkusativ- oder Reflexivpronomen.

Mi hija no me lo ha dicho.	Meine Tochter hat es mir nicht gesagt.
No la he visto.	Ich habe sie nicht gesehen.
Todavía no se han decidido.	Sie haben sich noch nicht entschieden.

– Wenn Wörter negativer Bedeutung wie *nada, nadie, ninguno, nunca, ni* oder *tampoco* am Anfang des Satzes stehen, wird keine weitere Verneinung benötigt; treten sie erst nach dem Verb auf, so muss *no* vor dem Verb stehen.

Nadie los conocía.	Niemand kannte sie.
Tampoco yo lo sé.	Ich weiß es auch nicht.
Este chico no aprende nada.	Dieser Junge lernt nichts.
Laura no volverá nunca más.	Laura wird nie wieder zurückkommen.
¿No tienes ninguna foto de él?	Hast du kein Bild von ihm?
Ningún médico haría eso.	Kein Arzt würde das tun.

¡ojo!

Denken Sie daran, dass *no* sowohl „nein" als auch „nicht" bedeutet.

Im Gegensatz zum deutschen „kein(e)" wird *ninguno* fast nur im Singular gebraucht.

14.5 Die Wortstellung

Welcher der folgenden drei Sätze ist korrekt?

A Ramón le gusta mucho nadar.
Nadar le gusta mucho a Ramón.
Le gusta mucho nadar a Ramón.

Stellen Sie einem Muttersprachler diese Frage, wird er antworten, dass alle drei Sätze richtig sind, wenngleich der erste am natürlichsten klingt. Tatsächlich verfügt das Spanische über eine sehr freie Wortstellung, d. h., dass sehr viel, bei weitem jedoch nicht alles erlaubt ist. Klar ist, dass durch die Wortstellung Einfluss darauf genommen werden kann, welcher Satzteil und somit welche Information hervorgehoben werden soll.

Hace unos meses estuve en Uruguay.	*der Ort wird betont*
Estuve en Uruguay hace unos meses.	*die Zeit wird betont*
Estuve hace unos meses en Uruguay.	*neutrale Aussage, gleichwertige Betonung beider Satzteile*

Die Grenzen sind hier fließend. Viel wichtiger für die richtige Wortstellung sind folgende Regeln, die Sie unbedingt befolgen sollten:

– *No* steht vor dem konjugierten Verb und den unbetonten Dativ-, Akkusativ-, oder Reflexivpronomen.

No quiero ir al médico.	Ich will nicht zum Arzt.
No la llamo por teléfono.	Ich rufe sie nicht an.

– Die Pronomen stehen immer vor dem konjugierten Verb. Bei einem Infinitiv oder Gerundium können sie auch nachgestellt werden, an den bejahten Imperativ müssen sie angehängt werden (→ S. 55).

Nos la queremos comprar. = Queremos comprárnosla.	Wir wollen sie uns kaufen.
Me lo está explicando. = Está explicándomelo.	Er/Sie erklärt es mir gerade.

– Das Adjektiv steht in der Regel nach dem Substantiv.

una decisión rápida	eine schnelle Entscheidung

– Zusammengesetzte Verbformen dürfen nicht getrennt werden.

Anteayer (me) he comprado un vestido precioso.	Ich habe (mir) vorgestern ein wunderschönes Kleid gekauft.

– Bei Fragen ist meistens keine Umstellung nötig.

¡(Tú) vives aquí?	Wohnst du hier?
¿Es tuya esta camisa?/ ¿Esta camisa es tuya?	Gehört dir dieses Hemd?

Anhang: Konjugationstabellen

In den Verbtabellen werden folgende Abkürzungen verwendet:

pret. ind.	pretérito indefinido
subj. pres.	presente de subjuntivo
subj. imp.	imperfecto de subjuntivo

Anhang 1: Die regelmäßigen Verben

1. Konjugation: Verben auf *-ar* — infinitivo: hablar

presente	imperfecto	pret. ind.	futuro	
hablo	hablaba	hablé	hablaré	**gerundio**
hablas	hablabas	hablaste	hablarás	hablando
habla	hablaba	habló	hablará	
hablamos	hablábamos	hablamos	hablaremos	**participio**
habláis	hablabais	hablasteis	hablaréis	hablado
hablan	hablaban	hablaron	hablarán	

subj. pres.	imperativo	subj. imp.	condicional
hable		hablara/-se	hablaría
hables	habla	hablaras/-ses	hablarías
hable	hable	hablara/-se	hablaría
hablemos	hablemos	habláramos/-semos	hablaríamos
habléis	hablad	hablarais/-seis	hablaríais
hablen	hablen	hablaran/-sen	hablarían

2. Konjugation: Verben auf *-er* — infinitivo: aprender

presente	imperfecto	pret. ind.	futuro	
aprendo	aprendía	aprendí	aprenderé	**gerundio**
aprendes	aprendías	aprendiste	aprenderás	aprendiendo
aprende	aprendía	aprendió	aprenderá	
aprendemos	aprendíamos	aprendimos	aprenderemos	**participio**
aprendéis	aprendíais	aprendisteis	aprenderéis	aprendido
aprenden	aprendían	aprendieron	aprenderán	

subj. pres.	imperativo	subj. imp.	condicional
aprenda		aprendiera/-se	aprendería
aprendas	aprende	aprendieras/-ses	aprenderías
aprenda	aprenda	aprendiera/-se	aprendería
aprendamos	aprendamos	aprendiéramos/-semos	aprenderíamos
aprendáis	aprended	aprendierais/-seis	aprenderíais
aprendan	aprendan	aprendiera/-sen	aprenderían

3. Konjugation: Verben auf *-ir* — infinitivo: vivir

presente	imperfecto	pret. ind.	futuro	
vivo	vivía	viví	viviré	**gerundio**
vives	vivías	viviste	vivirás	viviendo
vive	vivía	vivió	vivirá	
vivimos	vivíamos	vivimos	viviremos	**participio**
vivís	vivíais	vivisteis	viviréis	vivido
viven	vivían	vivieron	vivirán	

subj. pres.	imperativo	subj.imp.	condicional
viva		viviera/-se	viviría
vivas	vive	vivieras/-ses	vivirías
viva	viva	viviera/-se	viviría
vivamos	vivamos	viviéramos/-semos	viviríamos
viváis	vivid	vivierais/-seis	viviríais
vivan	vivan	vivieran/-sen	vivirían

Anhang 2: Verben mit Stammveränderungen

Im Folgenden werden die Zeiten und Modi aufgeführt, bei denen eine Veränderung im Stamm vorkommt. Nicht aufgeführte Formen sind regelmäßig.

Anhang 2a: Verben mit Vokalveränderungen

<e → ie> **infinitivo: pensar**

presente	**subj. pres**	**imperativo**
pienso	piense	
piensas	pienses	piensa
piensa	piense	piense
pensamos	pensemos	pensemos
pensáis	penséis	pensad
piensan	piensen	piensen

Ebenso: cerrar, empezar, querer, entender, sentarse, sentir, despertar, comenzar, preferir, divertir, mentir, perder, convertir,

<o → ue> **infinitivo: contar**

presente	**subj. pres.**	**imperativo**
cuento	cuente	
cuentas	cuentes	cuenta
cuenta	cuente	cuente
contamos	contemos	contemos
contáis	contéis	contad
cuentan	cuenten	cuenten

Ebenso: costar, recordar, probar, acostarse, encontrar, doler, probar, mostrar, almorzar, mover, soler, volver, volar, dormir, morir, poder, sonar, soñar

<e → i> **infinitivo: pedir**

presente	**subj. pres.**	**imperativo**	**pret. ind.**	**subj. imp.**	
pido	pida		pedí	pidiera/-se	
pides	pidas	pide	pediste	pidieras/-ses	**gerundio**
pide	pida	pida	pidió	pidiera/-se	pidiendo
pedimos	pidamos	pidamos	pedimos	pidiéramos/-semos	
pedís	pidáis	pedid	pedisteis	pidierais/-seis	
piden	pidan	pidan	pidieron	pidieran/-sen	

Ebenso: vestir, servir, seguir, despedirse, repetir, corregir, impedir, elegir

Anhang 2b: Verben mit orthographischen Abweichungen

Es handelt sich hier um keine Unregelmäßigkeiten, sondern um rein orthographische Veränderungen nach den Rechtschreib- und Ausspracheregeln der spanischen Sprache (→ S. 7 ff.).

<z → c> **infinitivo: cazar**

pret. ind.	**subj. pres.**	**imperativo**
cacé	cace	
cazaste	caces	caza
cazó	cace	cace
cazamos	cacemos	cacemos
cazasteis	cacéis	cazad
cazaron	cacen	cacen

Ebenso: enlazar

<c → z> **infinitivo: vencer**

presente	**subj. pres.**	**imperativo**
venzo	venza	
vences	venzas	vence
vence	venza	venza
vencemos	venzamos	venzamos
vencéis	venzáis	venced
vencen	venzan	venzan

Ebenso: mecer

<c → qu>	**infinitivo: atacar**	
pret. ind.	**subj. pres.**	**imperativo**
ataqué	ataque	
atacaste	ataques	ataca
atacó	ataque	ataque
atacamos	ataquemos	ataquemos
atacasteis	ataquéis	atacad
atacaron	ataquen	ataquen

Ebenso: buscar, aparcar

<qu → c>	**infinitivo: delinquir**	
presente	**subj. pres.**	**imperativo**
delinco	delinca	
delinques	delincas	delinque
delinque	delinca	delinca
delinquimos	delincamos	delincamos
delinquís	delincáis	delinquid
delinquen	delincan	delincan

<g → gu>	**infinitivo: pagar**	
pret. ind.	**subj. pres.**	**imperativo**
pagué	pague	
pagaste	pagues	paga
pagó	pague	pague
pagamos	paguemos	paguemos
pagasteis	paguéis	pagad
pagaron	paguen	paguen

Ebenso: llegar

<gu → g>	**infinitivo: distinguir**	
presente	**subj. pres.**	**imperativo**
distingo	distinga	
distingues	distingas	distingue
distingue	distinga	distinga
distinguimos	distingamos	distingamos
distinguís	distingáis	distinguid
distinguen	distingan	distingan

<gu → gü>	**infinitivo: averiguar**	
pret. ind.	**subj. pres.**	**imperativo**
averigüé	averigüe	
averiguaste	averigües	averigua
averiguó	averigüe	averigüe
averiguamos	averigüemos	averigüemos
averiguasteis	averigüéis	averiguad
averiguaron	averigüen	averigüen

Ebenso: avergonzar

<g → j>	**infinitivo: coger**	
presente	**subj. pres.**	**imperativo**
cojo	coja	
coges	cojas	coge
coge	coja	coja
cogemos	cojamos	cojamos
cogéis	cojáis	coged
cogen	cojan	cojan

Ebenso: proteger, dirigir, recoger, acoger

<i → y>	**infinitivo: huir**				
presente	**subj. pres.**	**imperativo**	**pret. ind.**	**subj. imp**	
huyo	huya		huí	huyera/-se	
huyes	huyas	huye	huiste	huyeras/-ses	**gerundio**
huye	huya	huya	huyó	huyera/-se	huyendo
huimos	huyamos	huyamos	huimos	huyéramos/-semos	
huís	huyáis	huid	huisteis	huyerais/-seis	**participio**
huyen	huyan	huyan	huyeron	huyeran/-sen	huido

Ebenso: construir, incluir, destruir, sustituir, constituir, disminuir, distribuir, influir

Anhang 2c: Sonderformen für die erste Person

Diese Sonderform kommt in der ersten Person Singular des Präsens vor, und somit ist sie auch für die davon abgeleiteten Formen (subj. pres. und Imperativ) relevant.

caber: quepo **caer:** caigo **conocer:** conozco **crecer:** crezco **decir:** digo
hacer: hago **oír:** oigo **poner:** pongo **salir:** salgo **tener:** tengo
traducir: traduzco **traer:** traigo **valer:** valgo **venir:** vengo

Eine Handvoll Verben haben eine Sonderform für die erste Person, die jedoch nicht zur Bildung des subj. pres. und des Imperativs dient (siehe auch Anhang 3).

dar: doy **saber:** sé **estar:** estoy **ir:** voy

Anhang 2d: Verben mit Betonungsverschiebung

Einige (jedoch nicht alle!) Verben auf *-iar* und *-uar* weisen eine Betonungsverschiebung auf.

<1. pres: *envío*> **infinitivo: enviar**

presente	subj. pres.	imperativo
envío	envíe	
envías	envíes	envía
envía	envíe	envíe
enviamos	enviemos	enviemos
enviáis	enviéis	enviad
envían	envíen	envíen

Ebenso: confiar, variar, enfriar, ampliar resfriarse, guiar, variar

<1. pres: *continúo*> **infinitivo: continuar**

presente	subj. pres.	imperativo
continúo	continúe	
continúas	continúes	continúa
continúa	continúe	continúe
continuamos	continuemos	continuemos
continuáis	continuéis	continuad
continúan	continúen	continúen

Ebenso: actuar, acentuar, efectuar, habituar

Anhang 2e: Verben, bei denen das unbetonte i wegfällt

Bei Verben, deren Stamm auf *-ñ* oder *-ll* enden, fällt das unbetonte *-i-* bei bestimmten Endungen weg.

<3. pret: gruñó> **infinitivo: gruñir**

pret. ind.	subj. imp.	
gruñí	gruñera/-se	
gruñiste	gruñeras/-ses	**gerundio**
gruñó	gruñera/-se	gruñendo
gruñimos	gruñéramos/-semos	
gruñisteis	gruñerais/-seis	
gruñeron	gruñeran/-sen	

Ebenso: tañer, teñir, bullir

Anhang 2f: Verben mit zwei Unregelmäßigkeiten

Etliche Verben weisen mehr als zwei der aufgeführten Unregelmäßigkeiten auf.

<e → ie> + *<g → gu>* **infinitivo: fregar**

presente	pret. ind.	subj. pres.	imperativo
friego	fregué	friegue	
friegas	fregaste	friegues	friega
friega	fregó	friegue	friegue
fregamos	fregamos	freguemos	freguemos
fregáis	fregasteis	freguéis	fregad
friegan	fregaron	frieguen	frieguen

<o → ue> + *<c → qu>* **infinitivo: volcar**

presente	pret. ind.	subj. pres.	imperativo
vuelco	volqué	vuelque	
vuelcas	volcaste	vuelques	vuelca
vuelca	volcó	vuelque	vuelque
volcamos	volcamos	volquemos	volquemos
volcáis	volcasteis	volquéis	volcad
vuelcan	volcaron	vuelquen	vuelquen

<o → ue> + <g → gu> infinitivo: colgar

presente	pret. ind.	subj. pres.	imperativo
cuelgo	colgué	cuelgue	
cuelgas	colgaste	cuelgues	cuelga
cuelga	colgó	cuelgue	cuelgue
colgamos	colgamos	colguemos	colguemos
colgáis	colgasteis	colguéis	colgad
cuelgan	colgaron	cuelguen	cuelguen

<o → ue> + <z → c> infinitivo: forzar

presente	pret. ind.	subj. pres.	imperativo
fuerzo	forcé	fuerce	
fuerzas	forzaste	fuerces	fuerza
fuerza	forzó	fuerce	fuerce
forzamos	forzamos	forcemos	forcemos
forzáis	forzasteis	forcéis	forzad
fuerzan	forzaron	fuercen	fuercen

<e → i> + <gu → g> infinitivo: seguir

presente	pret. ind.	subj. pres.	imperativo
sigo	seguí	siga	
sigues	seguiste	sigas	sigue
sigue	siguió	siga	siga
seguimos	seguimos	sigamos	sigamos
seguís	seguisteis	sigáis	seguid
siguen	siguieron	sigan	sigan

<e → ie> + <z → c> infinitivo: empezar

presente	pret. ind.	subj. pres.	imperativo
empiezo	empecé	empiece	
empiezas	empezaste	empieces	empieza
empieza	empezó	empiece	empiece
empezamos	empezamos	empecemos	empecemos
empezáis	empezasteis	empecéis	empezad
empiezan	empezaron	empiecen	empiecen

<o → ue> + <c → z> infinitivo: cocer

presente	subj. pres.	imperativo
cuezo	cueza	
cueces	cuezas	cuece
cuece	cueza	cueza
cocemos	cozamos	cozamos
cocéis	cozáis	coced
cuecen	cuezan	cuezan

<e → i> + <g → j> infinitivo: elegir

presente	subj. pres.	imperativo
elijo	elija	
eliges	elijas	elige
elige	elija	elija
elegimos	elijamos	elijamos
elegís	elijáis	elegid
eligen	elijan	elijan

Ebenso: corregir

Anhang 3: Die unregelmäßigen Verben

Im Folgenden werden ausschließlich die Zeiten und Modi aufgeführt, bei denen Unregelmäßigkeiten vorkommen. Nicht aufgeführte Formen sind regelmäßig.

infinitivo: adquirir

presente	subj. pres.	imperativo
adquiero	adquiera	
adquieres	adquieras	adquiere
adquiere	adquiera	adquiera
adquirimos	adquiramos	adquiramos
adquirís	adquiráis	adquirid
adquieren	adquieran	adquieran

Ebenso: inquirir

infinitivo: andar

pret. ind.	subj. imp.
anduve	anduviera/-se
anduviste	anduvieras/-ses
anduvo	anduviera/-se
anduvimos	anduviéramos/-semos
anduvisteis	anduvierais/-seis
anduvieron	anduvieran/-esen

infinitivo: caber

presente	subj. pres.	imperativo	pret. ind.	futuro	condicional
quepo	quepa		cupe	cabré	cabría
cabes	quepas	cabe	cupiste	cabrás	cabrías
cabe	quepa	quepa	cupo	cabrá	cabría
cabemos	quepamos	quepamos	cupimos	cabremos	cabríamos
cabéis	quepáis	cabed	cupisteis	cabréis	cabríais
caben	quepan	quepan	cupieron	cabrán	cabrían

infinitivo: caer

presente	subj. pres.	imperativo	pret. ind.	subj. imp.	
caigo	caiga		caí	cayera/-se	
caes	caigas	cae	caíste	cayeras/-ses	**gerundio**
cae	caiga	caiga	cayó	cayera/-se	cayendo
caemos	caigamos	caigamos	caímos	cayéramos/-semos	
caéis	caigáis	caed	caísteis	cayerais/-seis	**participio**
caen	caigan	caigan	cayeron	cayeran/-sen	caído

infinitivo: conocer

presente	subj. pres.	imperativo
conozco	conozca	
conoces	conozcas	conoce
conoce	conozca	conozca
conocemos	conozcamos	conozcamos
conocéis	conozcáis	conoced
conocen	conozcan	conozcan

Ebenso: nacer, crecer, ofrecer, parecer, (des)aparecer, agradecer, reconocer, relucir

infinitivo: dar

presente	subj. pres.	imperativo	pret. ind.	subj. imp.
doy	dé		di	diera/-se
das	des	da	diste	dieras/-ses
da	dé	dé	dio	diera/-se
damos	demos	demos	dimos	diéramos/-semos
dais	deis	dad	disteis	dierais/-seis
dan	den	den	dieron	dieran/-sen

infinitivo: decir

presente	pret. ind.	futuro	
digo	dije	diré	**gerundio**
dices	dijiste	dirás	diciendo
dice	dijo	dirá	
decimos	dijimos	diremos	**participio**
decís	dijisteis	diréis	**dicho**
dicen	dijeron	dirán	

subj. pres.	imperativo	subj. imp.	condicional
diga		dijera/-se	diría
digas	di	dijeras/-ses	dirías
diga	diga	dijera/-se	diría
digamos	digamos	dijéramos/-semos	diríamos
digáis	decid	dijerais/-seis	diríais
digan	digan	dijeran/-sen	dirían

Ebenso: predecir, contradecir, etc.

infinitivo: errar

presente	subj. pres.	imperativo
yerro	yerre	
yerras	yerres	yerra
yerra	yerre	yerre
erramos	erremos	erremos
erráis	erréis	errad
yerran	yerren	yerren

infinitivo: estar

presente	subj. pres.	imperativo	pret. ind.	subj. imp.
estoy	esté		estuve	estuviera/-se
estás	estés	está	estuviste	estuvieras/-ses
está	esté	esté	estuvo	estuviera/-se
estamos	estemos	estemos	estuvimos	estuviéramos/-semos
estáis	estéis	estad	estuvisteis	estuvierais/-seis
están	estén	estén	estuvieron	estuvieran/-sen

infinitivo: haber

presente	pret. ind.	futuro
he	hube	habré
has	hubiste	habrás
ha	hubo	habrá
hemos	hubimos	habremos
habéis	hubisteis	habréis
han	hubieron	habrán

subj. pres.	imperativo	subj. imp.	condicional
haya		hubiera/-se	habría
hayas	he	hubieras/-ses	habrías
haya	haya	hubiera/-se	habría
hayamos	hayamos	hubiéramos/-semos	habríamos
hayáis	habed	hubierais/-seis	habríais
hayan	hayan	hubieran/-sen	habrían

infinitivo: hacer

presente	pret. ind.	futuro	
hago	hice	haré	
haces	hiciste	harás	
hace	hizo	hará	
hacemos	hicimos	haremos	
hacéis	hicisteis	haréis	**participio**
hacen	hicieron	harán	**hecho**

subj. pres.	imperativo	subj. imp.	condicional
haga		hiciera/-se	haría
hagas	haz	hicieras/-ses	harías
haga	haga	hiciera/-se	haría
hagamos	hagamos	hiciéramos/-semos	haríamos
hagáis	haced	hicierais/-seis	haríais
hagan	hagan	hicieran/-sen	harían

Ebenso: rehacer, deshacer, etc.

infinitivo: ir

presente	imperfecto	pret. ind.	subj. pres.	imperativo	subj. imp.
voy	iba	fui	vaya		fuera/-se
vas	ibas	fuiste	vayas	ve	fueras/-ses
va	iba	fue	vaya	vaya	fuera/-se
vamos	íbamos	fuimos	vayamos	vayamos	fuéramos/-semos
vais	ibais	fuisteis	vayáis	id	fuerais/-seis
van	iban	fueron	vayan	vayan	fueran/-sen
gerundio					
yendo					

infinitivo: jugar

presente	pret. ind.	subj. pres.	imperativo
juego	jugué	juegue	
juegas	jugaste	juegues	juega
juega	jugó	juegue	juegue
jugamos	jugamos	juguemos	juguemos
jugáis	jugasteis	juguéis	jugad
juegan	jugaron	jueguen	jueguen

infinitivo: leer

pret. ind.	subj. imp.	
leí	leyera/-se	**gerundio**
leíste	leyeras/-ses	leyendo
leyó	leyera/-se	
leímos	leyéramos/-semos	**participio**
leísteis	leyerais/-seis	leído
leyeron	leyeran/-sen	

Ebenso: creer

infinitivo: oír

presente	imperfecto	pret. ind.	subj. pres.	imperativo	subj. imp.
oigo	oía	oí	oiga		oyera/-se
oyes	oías	oiste	oigas	oye	oyeras/-ses
oye	oía	oyó	oiga	oiga	oyera/-se
oímos	oíamos	oímos	oigamos	oigamos	oyéramos/-semos
oís	oíais	oísteis	oigáis	oíd	oyerais/-seis
oyen	oían	oyeron	oigan	oigan	oyeran/-sen
gerundio	**participio**				
oyendo	oído				

infinitivo: oler

presente	subj. pres.	imperativo
huelo	**hue**la	
hueles	**hue**las	**hue**le
huele	**hue**la	**hue**la
olemos	olamos	olamos
oléis	oláis	oled
huelen	**hue**lan	**hue**lan

infinitivo: poder

presente	pret. ind.	futuro	
p**ue**do	p**u**de	pod**r**é	**gerundio**
p**ue**des	p**u**diste	pod**r**ás	p**u**diendo
p**ue**de	p**u**do	pod**r**á	
podemos	p**u**dimos	pod**r**emos	
podéis	p**u**disteis	pod**r**éis	
p**ue**den	p**u**dieron	pod**r**án	
subj. pres.	**imperativo**	**subj. imp.**	**condicional**
p**ue**da		p**u**diera/-se	pod**r**ía
p**ue**das	p**ue**de	p**u**dieras/-ses	pod**r**ías
p**ue**da	p**ue**da	p**u**diera/-se	pod**r**ía
podamos	podamos	p**u**diéramos/-semos	pod**r**íamos
podáis	poded	p**u**dierais/-seis	pod**r**íais
p**ue**dan	p**ue**dan	p**u**dieran/-sen	pod**r**ían

infinitivo: (podrir) pudrir

Für beide Verben gelten die Formen von **pudrir** (mit *-u-*). Das Partizip hingegen lautet beide Male **podrido**.

infinitivo: poner

presente	pret. ind.	futuro	
pon**g**o	**pus**e	pon**d**ré	
pones	**pus**iste	pon**d**rás	
pone	**pus**o	pon**d**rá	
ponemos	**pus**imos	pon**d**remos	**participio**
ponéis	**pus**isteis	pon**d**réis	**puesto**
ponen	**pus**ieron	pon**d**rán	
subj. pres.	**imperativo**	**subj. imp.**	**condicional**
pon**g**a		**pus**iera/-se	pon**d**ría
pon**g**as	**pon**	**pus**ieras/-ses	pon**d**rías
pon**g**a	pon**g**a	**pus**iera/-se	pon**d**ría
pon**g**amos	pon**g**amos	**pus**iéramos/-semos	pon**d**ríamos
pon**g**áis	pon**g**áis	**pus**ierais/-seis	pon**d**ríais
pon**g**an	pon**g**an	**pus**ieran/-sen	pon**d**rían

Ebenso: reponer, disponer, interponer, etc.

infinitivo: querer

presente	pret. ind.	futuro
quiero	quise	querré
quieres	quisiste	querrás
quiere	quiso	querrá
queremos	quisimos	querremos
queréis	quisisteis	querréis
quieren	quisieron	querrán

subj. pres.	imperativo	subj. imp.	condicional
quiera		quisiera/-se	querría
quieras	quiere	quisieras/-ses	querrías
quiera	quiera	quisiera/-se	querría
queramos	queramos	quisiéramos/-semos	querríamos
queráis	quered	quisierais/-seis	querríais
quieran	quieran	quisieran/-sen	querrían

infinitivo: reír

presente	subj. pres.	imperativo	imperfecto	pret. ind.	
río	ría		reía	reí	**gerundio**
ríes	rías	ríe	reías	reíste	riendo
ríe	ría	ría	reía	rió	
reímos	riamos	riamos	reíamos	reímos	
reís	riáis	reíd	reíais	reísteis	
ríen	rían	rían	reían	rieron	

Ebenso: sonreír

infinitivo saber

presente	pret. ind.	futuro
sé	supe	sabré
sabes	supiste	sabrás
sabe	supo	sabrá
sabemos	supimos	sabremos
sabéis	supisteis	sabréis
saben	supieron	sabrán

subj. pres.	imperativo	subj. imp.	condicional
sepa		supiera/-se	sabría
sepas	sabe	supieras/-ses	sabrías
sepa	sepa	supiera/-se	sabría
sepamos	sepamos	supiéramos/-semos	sabríamos
sepáis	sabed	supierais/-seis	sabríais
sepan	sepan	supieran/-sen	sabrían

infinitivo: salir

presente	subj. pres.	imperativo	futuro	condicional
salgo	salga		saldré	saldría
sales	salgas	sal	saldrás	saldrías
sale	salga	salga	saldrá	saldría
salimos	salgamos	salgamos	saldremos	saldríamos
salís	salgáis	salid	saldréis	saldríais
salen	salgan	salgan	saldrán	saldrían

Ebenso: valer

infinitivo: ser

presente	imperfecto	pret. ind.	futuro
soy	era	fui	seré
eres	eras	fuiste	serás
es	era	fue	será
somos	éramos	fuimos	seremos
sois	erais	fuisteis	seréis
son	eran	fueron	serán

subj. pres.	imperativo	subj. imp.	condicional
sea		fuera/-se	sería
seas	sé	fueras/-ses	serías
sea	sea	fuera/-se	sería
seamos	seamos	fuéramos/-semos	seríamos
seáis	sed	fuerais/-seis	seríais
sean	sean	fueran/-sen	serían

infinitivo: tener

presente	pret. ind.	futuro
tengo	tuve	tendré
tienes	tuviste	tendrás
tiene	tuvo	tendrá
tenemos	tuvimos	tendremos
tenéis	tuvisteis	tendréis
tienen	tuvieron	tendrán

subj. pres.	imperativo	subj. imp.	condicional
tenga		tuviera/-se	tendría
tengas	ten	tuvieras/-ses	tendrías
tenga	tenga	tuviera/-se	tendría
tengamos	tengamos	tuviéramos/-semos	tendríamos
tengáis	tened	tuvierais/-seis	tendríais
tengan	tengan	tuvieran/-sen	tendrían

infinitivo: traducir

presente	subj. pres.	imperativo	pret. ind.	subj. imp.
traduzco	traduzca		traduje	tradujera/-se
traduces	traduzcas	traduce	tradujiste	tradujeras/-ses
traduce	traduzca	traduzca	tradujo	tradujera/-se
traducimos	traduzcamos	traduzcamos	tradujimos	tradujéramos/-semos
traducís	traduzcáis	traducid	tradujisteis	tradujerais/-seis
traducen	traduzcan	traduzcan	tradujeron	tradujeran/-sen

Ebenso: conducir, seducir, etc.

infinitivo: traer

presente	subj. pres.	imperativo	pret. ind.	subj. imp.	
traigo	traiga		traje	trajera/-se	
traes	traigas	trae	trajiste	trajeras/-ses	**gerundio**
trae	traiga	traiga	trajo	trajera/-se	trayendo
traemos	traigamos	traigamos	trajimos	trajéramos/-semos	
traéis	traigáis	traed	trajisteis	trajerais/-seis	**participio**
traen	traigan	traigan	trajeron	trajeran/-sen	traído

Ebenso: retraer, contraer, etc.

infinitivo: venir

presente	pret. ind.	futuro	
vengo	vine	vendré	
vienes	viniste	vendrás	**gerundio**
viene	vino	vendrá	viniendo
venimos	vinimos	vendremos	
venís	vinisteis	vendréis	
vienen	vinieron	vendrán	

subj. pres.	imperativo	subj. imp.	condicional
venga		viniera/-se	vendría
vengas	ven	vinieras/-ses	vendrías
venga	venga	viniera/-se	vendría
vengamos	vengamos	viniéramos/-semos	vendríamos
vengáis	venid	vinierais/-seis	vendríais
vengan	vengan	vinieran/-sen	vendrían

infinitivo: ver

presente	imperfecto	pret. ind.	subj. pres.	imperativo	subj. imp.
veo	veía	vi	vea		viera/-se
ves	veías	viste	veas	ve	vieras/-ses
ve	veía	vio	vea	vea	viera/-se
vemos	veíamos	vimos	veamos	veamos	viéramos/-semos
veis	veíais	visteis	veáis	ved	vierais/-seis
ven	veían	vieron	vean	vean	vieran/-sen
participio					
visto					

Ebenso: prever

Stichwortregister